KB029344

은퇴의 맛

한혜경 지음

은퇴전문가 한혜경의 지지고 볶는
은퇴 이야기 28가지

싱긋

차례

프롤로그 • 007

1부.
은퇴해보니

은퇴여행, '바로' 떠나야 하나? • 016
직장과의 이별, 생각보다 간단하지 않더라 • 024
돈에 대한 생각, 불행해지지 않으려면 얼마가 필요할까? • 033
갑자기 집안일이 좋아진 나, 이상한가요? • 040

2부.
그때는 몰랐던 것들

힘 좀 빼고 설렁설렁 살걸 • 050
진정 우리 은퇴한 거 맞아? • 060
이제는 삶의 거품을 빼야 할 때 • 068
난 내려놓고 싶지 않은데 • 078
'딴짓' 실컷 해볼걸 • 088

3부.
우리의 정서적 거리는 몇 미터?

점심만은 같이 먹고 싶지 않은 사람, 그 이름은 남편 • 098
공간문제로 이혼까지? • 104
외로운 잔소리꾼이여, 제발 쉿! • 112
이혼하기 좋은 때! • 120
자식이 노후 리스크? • 130

4부.
누구랑 어울릴까?

그립거나, 짜증나거나 • 140
이런 친구는 사절! • 148
환승역에서는 친구를 사귀지 않는다? • 156
지적질이 필요해! • 166
혼자서도 잘 노는 편입니다만 • 174

5부.
내 나이를 사랑한다는 것

젊어 보이고도 싶고 대접도 받고 싶고 • 184
'대단하시다'라는 말속에 숨겨진 연령차별 • 192
내 나이가 내일모레면…… • 200
매력 있는 선배들 덕분에 • 208
지금이 바로 파티타임! • 216

6부.
이토록 젊은 마음을 어디에 쓸까?

나의 역사를 쓴다는 것 • 226
가슴이 뛰는 곳에서 살고 싶다 • 234
행복한 나라에 가봤습니다 • 244
난생처음 팬카페에 가입하다 • 254

참고문헌 • 264

일러두기

- 이 책은 미래에셋투자와연금센터 온라인 저널 '나의 은퇴일기'에 연재했던 글을 모아 엮은 것이다.

은퇴 후 1년,
노동하는 인간에서 놀이하는 인간으로

정년퇴직하기 몇 년 전부터 은퇴를 손꼽아 기다렸다. 인생의 또다른 장이 시작되리라는 기대 때문이었다. 전과는 조금 다르게 살고 싶었다. 어떻게? 좀더 자유롭게. 그동안 일도 할 만큼 했다. 20대에 다닌 두 곳의 직장을 비롯하여 대학원을 졸업한 서른두 살 이후에도 두 군데의 직장에서 줄곧 일했으니 총 네 곳의 직장을 거친 셈이다. 30대 초반부터 쉬지 않고 일했고 조직의 쓴맛도 충분히 맛본 터였다.

그렇다고 굉장히 구체적이거나 거창한 계획이 있었던 것은 아니다. 그저 은퇴하면 더이상 일에 얽매이지 말고 하고 싶었던 것 실컷 하며 잘 놀고, 만나고 싶었던 사람들도 만나고, 걸을 데가 많은 동네에 살면서 꾸준히 걷고, 일주일에 적어도 2, 3일 정도는 친구들과 점심을 먹으면서 따뜻하게, 평화롭게 살아야겠다는 그런 정도였으니까.

물론 그동안 수많은 은퇴자를 만나 인터뷰하면서 은퇴 후의 일상이 꽃길이 아니라는 사실은 누구보다 잘 알고 있었다. 그래도 나는 무언가 다르겠지 착각하고 싶었다. 어쨌거나 은퇴에 관한 책을 두 권이나 쓰지 않았는가? 간접 체험도 체험이라면 꽤 수준 높은 체험을 했다고도 볼 수 있기에 어떻게든 잘 해나갈 수 있겠지 하고 막연히 생각했다.

그래서 '살아 있는 장례식'같이 느껴져 손사래를 치며 도망치고 싶었던 퇴임식에서 화려한 꽃으로 둘러싸여 난생처음 뜨거운 관심과 애정을 받았을 때, 퇴임을 전후하여 지인들에게 밥 먹자는 전화가 걸려왔을 때는 '어라? 이건 뭐지? 이제부터 화려한 인생이 펼쳐지려나? 그럼 이참에 나도 한번 화려하게 살아볼까?'라는 엉뚱한 생각도 잠깐 해보았다.

하지만 달콤한 환상은 딱 거기까지였다. 지인들의 전화가 차츰 뜸해지면서 퇴임식이 끝난 지 한 달도 채 못 되어 원래의 나 자신으로, 아무도 알아주지 않는 잿더미 현실로 돌아오고 말았다. 직접 겪어보니 은퇴 직후의 실상은 생각했던 것보다 훨씬 더 힘들고 씁쓸했다. 달콤한 순간도 있었지만 고통스러운 순간이 더 많았다. 지금도 생생하다. 은퇴 첫날 아침 눈을 떴을 때 '오늘 하루를 어떻게 보낼까?'라는 물음에 이어 온갖 상념과 불안, 걱정이 한꺼번에 몰려오던 기억이. 세상의 중심에서 밀려난 느낌, 껍데기처럼 버려진 듯한 기분마저 들었다.

무엇보다 뒤를 돌아보며 과거를 그리워하게 될까봐 두려웠다. 업무의 피곤함을 눈 녹듯이 사라지게 해주던 월급, 내가 누군지 구구히 설명하지 않게 해주던 명함, 동료들과 웃고 떠들며 보낸 점심시간, 가끔씩 맛보던 성취감의 짜릿함, 주말과 휴가 기간에 누리던 손바닥만 한 해방감과 자유로움……. 이 모든 것이 행복임을 그때는 왜 몰랐을까, 그때 더 즐겼어야 했는데 하면서 후회하게 된다면? 그러면 어떻게 하지?

돌아보니 은퇴 직후의 심정은 낯선 곳으로 여행을 떠날 때와도 비슷했다. 어떤 일이 일어날까 설레고 기대되면서도 동시에 미지의 세상에 대한 두려움, 예상하지 못한 일이 생길지도 모른다는 불안감, 실컷 고생만 하고 멀리 떠나온 것을 후회하게 될지도 모른다는 걱정이 스멀스멀 올라오는 느낌. 그래서 떠나야 할 날이 다가올수록 오늘 누리는 편안하고 소소한 행복이 갑자기 크게 느껴지고, 비록 잠깐이지만 지금이라도 여행을 취소해버릴까 하는 마음마저 드는, 하지만 취소하기에는 너무 늦었고 이제는 무조건 떠나야 한다는 것을 잘 알고 있을 때의 그런 심정이었다.

'놀이하는 인간'이라 행복하구나!

그로부터 정확히 1년이 지난 8월 어느 날, 마스크를 단단히 쓰고 예술의 전당 콘서트홀에서 연주를 듣던 중 갑자기 내 안 깊은 곳에서부터 무언가 깊고 짜릿한 감정이 밀려왔다. 콘서트홀이라는 닫힌 공간이어서 더 선명하게 느껴졌을까. 머리에 불이 켜지고 가슴에 별이 쏟아지는 듯한 느낌이었다. 나도 모르게 중얼거렸다.

"아, 난 행복하구나. 이만하면 잘 살고 있구나."

참 오랜만에 느껴보는 가슴 뛰는 순간이었다. 그런데 무언가 이상했다. 왜 이렇게 행복하지? 그동안 돈이 많이 생겨 부자가 된 것도 아니고(그럴 리 없지 않은가? 실상은 그 반대다), 갑자기 성격이 좋아져서 만인의 사랑을 받게 된 것도 아니고(이번 생에 그럴 일은 없을 것 같다), 사회적 지위가 높아진 것은 더더욱 아니지 않은가? 그렇다고 음악회에 난생처음 온 것도 아닌데……. 그런데 이렇게까지 행복할 일이?

가만 생각해보니 그것은 '놀이하는 인간'만이 느낄 수 있는 행복감이었다. 불과 1년 전까지만 하더라도 나는 '노동하는 인간'이었다. 걸핏하면 "돈이 나와? 밥이 나와?"라는 자본주의적 질문이 난무하는 세상에서 시간을 팔아 돈을 사는 느낌으로 살아왔다. 물론 노동하는 인간이었다고 해서 통 놀지 않았다는 뜻은 아니다. 마음껏 놀거나 즐길 수 없었다는 의미다. 누가 야단치는 것도 아닌데 행여나 '노는 사람'으로 찍히지 않을까 눈치를 보았다. 짜증나는 교통 체증을 뚫고 찾아온 음악회에서 음악 자체에만 몰입해본 기억은 거의 없다. 정신적으로나 문화적으로 일종의 암흑기 같은 시절을 살아왔다(그때는 그런 사실조차 느끼지 못했지만).

이제는 다르다. 오랫동안 내 안에 잠재해 있던 놀이 본능이 깨어난 느낌이다. 더이상은 누리고 싶은 행복을 주말이나 휴가 기간으로 미루지 않는다. 그냥 지금 이 순간 아름다운 음악에 온몸을 맡기고 이 공간에 완전히 몰입한다. 내 시간의 주인으로 살고 있다. 봄·여름·가을·겨울, 사계절의 변화를 온몸으로 느낄 수 있다. 매사에 집중도도 높아졌다. 친구나 지인을 만날 때도 오롯이 그에게 집중한다.

그렇다. 나는 은퇴 1년 만에 '지지고 볶는' 과정을 거쳐 드디어 놀이하는 인간으로 거듭났다. 그래서 노동하는 인간일 때보다 많이 행복해졌다. 무엇보다 무언가 한 단계 업그레이드된 느낌이다. 이제야 비로소 낡고 지겨운 가면을 벗고 진짜 내가 된 기분이었다.

물론 여전히 고민은 남아 있다. 그래 좋아, 나는 놀이하는 인간이야. 그런데 도대체 뭘 하며 놀지? 어떻게 해야 재미있고 신나게 놀 수 있지? 코로나19 상황이 되니 더 그런 생각이 들었다. 혼자서도 재미있게 잘 놀려면 어떻게 해야 하지?

놀이하는 인간으로서의 삶이 몇 년 안에 끝나는 것이라면 술 한잔 곁들여 맛있는 음식을 먹으면서 흥청망청, 왁자지껄 즐기면 되겠지만 앞으로도 수십 년간 이어진다면? 남들 가는 대로 밀집대형을 따라간다고 해결될 일이 아니라면? 롤모델이 있는 것도 아니고 누가 일일이 가르쳐주는 것도 아니라면? 돈이나 금으로도 살 수 없는 것이라면?

결국 수십 년간 재미있게 살려면 또하나의 엄청난 '기획'과 '도전'이 필요하다는 결론에 이르렀다. 한숨이 나오려고 한다. 기획이나 도전처럼 골치 아픈 단어들과는 영원히 이별인 줄 알았는데, 이렇게 또다시 외나무다리에서 만날 줄이야.

하지만 어찌하랴. 한때 그토록 친하고 싶었던 '힐링'이나 '내려놓음' '스트레스 1도 없는 상태' 같은 단어들이 이제는 시시하고 매력 없게 느껴지니 말이다. 잔잔한 바닷가에 하루종일 누워 있는 그런 아름다운 풍경은 상상만으로도 지루하고 무엇보다 가슴이 뛰지 않으니 말이다.

가슴 뛰는 하루하루를 살고 싶다. 은퇴했다고 해서 어릴 적 놀이터의 '깍두기'처럼 구경만 하며 공짜의 삶을 살 생각은 추호도 없다. 신나게 끼어들어 함께 즐기고 싶다. 내가 좋아하는 일을 통해 세상과 친하게 지내고 싶다. 계속 변화하고 성장하는 유연성도 갖고 싶다. 비록 성공적인 직장인은 아니었지만 수십 년간의 경험을 통해 얻은 지식과 스킬을 나누며 살고 싶다. 그리하여 앞으로도 오랫동안, 아흔 살쯤까지 갈고 닦고 조이고 기름 치는 작업을 멈추지 않으려고 한다.

은퇴 직후부터 미래에셋투자와연금센터 온라인 저널에 '나의 은퇴일기'를 연재하기 시작했다. 그동안은 베이비붐 세대의 은퇴자를 조사하고 인터뷰한 내용을 기반으로 글을 써왔다면 이번에는 나 자신의 은퇴 후 일상에 대한 개인적인 이야기를 적었다. 생전 처음 시도해보는 사적인 글쓰기인 셈이었다.

애초부터 힘들고 어려울 것이라고 예상한 일이었다. 잘못하면 술주정 같은 넋두리 글이 될지도 모르는 일 아닌가. 어떻게 하면 나 자신의 솔직한 심정을 내보이면서도 누군가 읽을 가치가 있는 글을 쓸 수 있을까? 내내 고민했다. 글을 쓰기 위해 또다시 다람쥐 쳇바퀴 도는 일상을 유지해야 하는 일도 답답했다. "이러려고 은퇴했나?"라고 중얼거린 적도 여러 번이었다.

그런데 우려했던 것보다는 괜찮았다. 글쓰기 작업이 가져다주는 치유와 위로 기능 때문인지도 모르겠다. 가끔은 내적 충만감이 차오르는 듯한 느낌마저 들 정도로 즐겁고 행복한 적도 많았다. 어떻게 그럴 수 있느냐고? 글쓰는 일이 '놀이로서의 일'이었기 때문이다. 누가 시켜서 하는 일이 아니라 내가 좋아서 스스로 선택한 일이었기 때문이다. 같은 '쳇바퀴 일상'이라도 내가 좋아하는 일을 하기 위한 쳇바퀴는 충분히 돌릴 만하고 재미도 있다는 사실을 새삼 깨달았다. 덕분에 코로나19 때문에 강요된 '집콕'과 '언택트' 상황에서도 잘 견딜 수 있었다.

비록 나의 개인적이고 소소한 이야기를 담은 글이지만 지난 1년여간 쓴 글을 엮어 책으로 출간하겠다고 결심하게 된 것은 이 시대를 사는 은퇴자들이나 예비 은퇴자들도 충분히 공감할 수 있는 내용이라고 믿었기 때문이다. 그리고 이참에 이 시대를 사는 60대 은퇴자가 무슨 생각을 하고 어떤 고민을 하며 어떻게 살고 있는지에 대해서도 말하고 싶었다. 다양한 연령층의 사람들이 각자 자신의 말을 하고 욕구를 표현해야 건강한 사회, 행복한 100세 시대가 될 수 있다는 평소의 신념 때문이었다.

이 책에는 은퇴 초보자로서 우왕좌왕 헤매고 시행착오를 경험한 이야기, 은퇴 직후의 다소 어둡고 무거운 심정으로 과거를 돌아보고 후회하고 반성하는 내용, 그리우면서도 짜증나는 사람들과의 인간관계, 은퇴 남편과의 아슬아슬하고 위험한 24시간, 짜고 맵지만 가끔은 달콤한 나이듦에 관한 이야기, 그 와중에도 무언가 희망을 놓지 않고 열정 넘치는 젊은 마음을 어디에 쓸 것인가에 관해 고민하며 새로운 결의를 다지는 내용이 함께 녹아 있다.

부디 이 책이 은퇴 후에 또는 100세 시대에 어떤 일상을 보내야 할 것인지 고민하는 사람들에게 작은 공감과 위로 내지 작은 이정표가 될 수 있기를, 더 나은 미래를 향해 함께 나아갈 수 있는 작은 신호가 될 수 있기를 기대한다.

1부

은퇴해보니

은퇴여행,
'바로' 떠나야 하나?

아니다. 나는 수십 년 만에 집에 도착한 이 순간을
좀더 만끽하고 싶은 심정이다.
험난하고 고통스러웠던 여행에서
이제 막 집으로 돌아온 오디세우스라도 된 것처럼.

은퇴한다고 말했을 때 사람들이 맨 처음 보이는 반응은 그가 속한 연령층과 그가 얼마나 바쁘게 살고 있느냐에 따라 다르다. 한창 바쁜 후배들은 이렇게 말한다.

"이제 여행도 마음껏 다니실 수 있겠네요. 좋으시겠어요. 부러워요."

조금 덜 바쁜 친구들은 무심한 표정으로 말한다.

"이제 곧 여행도 가고 그러겠네."

흥미로운 점은 이미 은퇴한 선배들의 반응이다.

"한 1년은 여기저기 여행도 다니고 그러느라 정신없을 거야."

그래서? 그때가 좋았다는 것인지 별로였다는 것인지, 지금이 더 좋다는 것인지 아니라는 것인지 애매하기 이를 데 없다. 이렇게 말하는 것 같다.

"지금은 말해도 소용없어. 한 1년 지나면 너도 알게 될 거야."

마치 중학생 때 짧은 치마에 양말을 돌돌 말아 신고 다니던, 어딘지 모르게 조숙해 보이던 키가 컸던 친구의 표정 같다.

'너처럼 쪼그만 애가 뭘 알겠니?'

어쨌든 은퇴와 관련하여 가장 많이 듣는 단어 중 하나는 '여행'이다. 은퇴했다면 '바로' 여행을 떠나야 한다는 듯이…….

아마 몇 달쯤, 아니 1, 2년쯤 후에 만나면 이런 질문을 가장 많이 받을 것 같다.

"그래, 여행은 다녀오셨나요?"

"아뇨, 아직 아무 데도 가지 못했는데요."

"그래요? 왜요? 무슨 일이라도 있었나요?"

이런 질문이 돌아올 것만 같은 분위기다. '어디가 아픈가, 모아둔 돈이 그렇게 없나? 쯧쯧' 이런 표정으로 말이다.

하기는 나 자신도 마찬가지였다. 은퇴 전에 직장에 꼼짝없이 묶여 있다는 기분이 들 때마다 누구한테 복수라도 하겠다는 결심을 한 사람처럼 비장하게 중얼거렸다.

"은퇴하기만 해봐라. 바로 그다음날 여행을 떠날 테니. 어디든 좋다. 이곳만 떠날 수 있다면……."

그런데 은퇴 직후에 연구실 정리를 모두 끝내고 교문 앞에서 신호를 기다리는데, 그날따라 선선한 바람이 불어왔다. 그때 문득 이런 생각이 들었다.

'아, 이제야 길고 긴 여행이 끝났구나. 이제 드디어 집으로 돌아가는 구나.'

순간 깨달았다. 그동안 내게는 직장이 여행지였음을. 돌아보니 대학 졸업 후 총 네 군데의 직장을 다녔다. 짧게 근무한 곳은 몇 개월, 가장 길게 근무한 곳은 21.5년, 모두 합하면 33년 정도 된다. 특히 마지막 직장은 아무 연고 없는 낯선 지역이기도 해서 더 여행지처럼 느껴졌는지도 모른다.

정확히 말하면 출장지라고 해야 할까? 다녀본 사람은 다 알겠지만 출장여행은 결코 자유롭지 않다. 그때그때 시간 맞추어 처리해야 하는 수많은 일이 머리뿐 아니라 마음을 짓누른다. 과연 잘할 수 있을까? 목표를 달성할 수 있을까? 시간은 지킬 수 있을까? 고심하며 전전긍긍하게 된다. 나라는 존재의 효용성을 끊임없이 증명해야 하고, 경쟁해야 하고, 일정한 성과를 보여야 한다는 부담감에서 벗어날 수 없다. 혹시 예상하지 못한 엉뚱한 일이 벌어지지는 않을지 항상 긴장해야 한다.

물론 그런저런 과정을 통해 지금의 내가 만들어졌고 많은 것을 얻기도 했다. 하지만 솔직히 직장이 나를 할퀴고 상처를 준 것도 사실이다. 돌이켜보건대 내 상처와 슬픔이 나의 일터 곳곳에 스며 있었다. 영광의 순간도 가끔 있었지만 실패와 좌절의 시간이 훨씬 더 많았다.

길고도 긴 여행이었다. 걸핏하면 "돈이 나와? 밥이 나와?"라는 질문이 오가는 화폐 중심의 삶을 참 오래도 살아왔다.

자, 사정이 이러한데 왜 바로 여행을 떠나야 하는가? 이제 막 긴 여행, 아니 길고 긴 출장에서 돌아왔는데, 이제 막 집에 돌아와서 휴 하고 한숨 돌리려는데 또 떠난다고? 바로 떠나야 한다고? 아니다. 나는 수십 년 만에 집에 도착한 이 순간을 좀더 만끽하고 싶은 심정이다. 험난하고 고통스러웠던 여행에서 이제 막 집으로 돌아온 오디세우스라도 된 것처럼.

게다가 은퇴 후 '바로' 떠나야 한다는 생각은 수명이 일흔 살쯤 될 때의 이야기다. 조금이라도 늦으면 여기저기 아프고 어쩌면 걷지 못할 수도 있으니 더 늦기 전에 빨리 떠나야 한다는 조바심 섞인 여행 말이다. 수명이 늘어난 지금, '바로' 떠나야 할 이유는 점점 적어지고 있다.

물론 얼마 지나지 않아 여행을 떠나고 싶어 좀이 쑤시는 날이 올 것이다. 지금이야 집으로 돌아온 것만으로도 충분히 신기하고 달콤하지만 집이 직장처럼 변하는 데는 그리 오랜 시간이 걸리지 않을 테니까. 정년도 은퇴도 없는 가사 노동과 잡다한 일상에 금방 염증을 느낄 테고 써지지 않는 원고, 읽어야 할 책들로부터 도망치고 싶은 날이 곧 오고야 말 테니까. 사실 여행 이야기를 쓰다보니 마음 한편에서 어디론가 떠나고 싶은 마음이 꿈틀거리는 것 같기도 하다. 간다면 어디로 갈까? 갔던 곳을 또 가는 나의 여행 취향을 살릴 것인가, 아니면 새로운 여행지를 개발할 것인가.

하지만 지금은 아니다. 지금은 장기 출장을 마치고 막 돌아온 시점이다. 집에 돌아가면 '꼭 해야지, 해봐야지'라고 벼르던 일들을 해야 한다. 지금이 아니면 언제 하겠는가. 소소한 기쁨도 누리고 싶다. 은퇴 직후였던 2019년 가을 어느 저녁에 순천만국가정원 잔디마당에서 열리는 콘서트를 보러 갔던 기억도 난다. 9월 평일 저녁에 밤하늘의 별을 보며 교향악 연주를 듣는 기분은 각별했다. 이런 사치를 누려본 것이 도대체 얼마 만인가? 아, 이제야말로 정말 자유의 몸이 되었구나 하고 실감했다.

이제야 알겠다. 나에게 은퇴 후 바로 떠나는 여행은 전 직장으로부터, 전 직장의 기억과 추억으로부터 단번에 완전히 떠나 집으로, 나에게로 돌아오는 그런 여행이라는 것을.

이제야 알겠다.
나에게 은퇴 후 바로 떠나는 여행은 전 직장으로부터,
전 직장의 기억과 추억으로부터 단번에 완전히 떠나 집으로,
나에게로 돌아오는 그런 여행이라는 것을.

직장과의 이별,
생각보다 간단하지 않더라

새삼 깨달았다. 이별은 결코 간단하지 않다.
그리고 모든 이별에는 애도와 치유 과정이 필요하다.
직장이나 공적 관계망과의 이별도 예외가 아니다.
충분한 시간이 필요하다.

영화나 TV 드라마를 보면 회사를 그만둘 때 자그마한 상자 하나에 개인 물건 몇 개만 챙겨넣고 쿨하게 회사를 떠나는 장면이 자주 나온다. 아쉽다는 표정보다는 언제라도 떠날 준비가 되어 있었다는 듯한 표정으로 상자 하나 덜렁 들고 직장을 떠나는 모습 말이다. 회사 동료들의 배웅은 처음부터 기대하지도 않았다는 듯이 담담하게 사무실을 걸어나오는 장면도 인상적이다.

그런 사람이라면 은퇴할 때도 소중한 물건만 챙겨 상자 하나 들고 집으로 향할 것이고, 식구들로부터 "그동안 수고 많았어요. 이제 완전히 집으로 돌아온 것을 환영합니다"라는 인사말을 들을 것이고, 은퇴 직전까지 다니던 직장에서 있었던 일은 그날로 모두 잊고 영원히 행복한 일상을 보낼 것이다.

아, 그러나 현실은 전혀 다르다. 본인이 선택하지 않은 퇴직이나 '명예퇴직'을 한 경우는 말할 것도 없고 남들 보기에 무탈하고 무난하게 정년을 맞은 경우라도 사정은 크게 다르지 않다. 직접 겪어보니 알겠다. 오래 다니던 직장에서 겪었던 실패와 좌절감, 상처와 아픔은 그렇게 간단히 사라지지 않는다는 것을. 마치 오래 살았던 배우자와 이혼한 느낌이라고나 할까? 예정된 이혼이었지만 막상 헤어지고 나니 온갖 감정이 교차하는 그런 혼란스러운 상태 말이다.

2019년 8월 말로 정년퇴직을 하면서 모든 공적 관계도 종료되었다. 사적인 이야기를 공유하며 각별한 우정을 쌓은 동료 대여섯 명을 제외하고는 이제 공적 관계망과도 영원히 이별이구나라고 생각했다. 대부분의 직장 동료와는 우연히 마주치면 반갑게 인사 정도는 하겠지만 그 이상의 관계로 이어지지는 않을 것이다. 이제 더이상 그들과 개별적으로 만나거나 이런저런 감정을 나눌 일은 없을 것이고 나도, 그들도 금방 서로를 잊을 것이다.

그런데 막상 은퇴해보니 관계란 그렇게 간단하지 않았다. 은퇴 직후인 9월 한 달 동안 누구를 가장 많이 만났는지 되짚어보니 직장과 관련된 공적 관계망에 있는 사람들이었다. 그동안 만날 사람은 모두 만났다고 생각했는데, 재직기념패 등을 받는 마지막 공적 행사나 바쁜 중에도 시간을 내서 간단히 점심이나 먹자는 식사 초대를 사양하거나 거절하기 쉽지 않은 이유로 사람들을 만나게 되었다. 퇴임 이후에도 이런저런 일로 만날 기회가 생겼던 것이다.

하지만 문제는 그들과의 점심식사가 항상 즐겁지만은 않다는 점이었다. 아니 솔직히 말하면 마음이 불편할 때가 훨씬 더 많았다. 공적 관계망이 원래 그렇다는 것은 익히 알고 있었지만 이번 기회에 다시 한번 깨달았다. 만나면 유쾌하고 즐거운 이야기만 주고받는 것이 아니었다. 마음 불편한 화제도 많았다. 이야기를 하다보면 지나치게 많은 정보를 나누게 되면서 굳이 몰라도 되는 과거 이야기, 알고 싶지 않은 누군가의 뒷이야기를 듣기도 한다. 결국 그 사람과는 좋은 얼굴로 헤어지지만 집에 돌아와서 생각해보면 듣지 않느니만 못한 과거 이야기나 정보, 하지 않는 편이 더 좋았을 말을 했다는 생각 때문에 마음이 편하지 않다.

특히 나를 힘들게 하는 것은 과거의 아픔과 상처가 새삼 떠올라 내 마음을 헤집어놓는다는 점이다. 다 잊은 줄 알았다. 벌써 오래전 일이 아닌가. 특별히 과거에 집착하는 편도 아니어서 그동안 충분히 과거를 청산하고 정리했다고 생각했다. 이제는 '슬픔이여, 안녕' 하며 기쁘고 후련한 표정으로 손 흔들고 떠나면 될 줄 알았다. 그런데 실제로는 그렇지 않았다. 누군가를 만나서 이야기하다보면 시간이 흘러도 지워지지 않는 뭔가가 아직도 남아 있다는 것을 깨닫곤 했다.

이제야 하는 말이지만 공적 관계망 안에는 왜 그렇게 이해하기 힘들고, 얄밉고, 시시하고, 이상한 사람들이 많은지, 소설에나 나올 법한 특이한 사람들은 왜 그리 많은지……. 그럼에도 불구하고 좋은 척하며 지내야 했던 시간들, 그들에게 들은 뼈아픈 말들, 억울했지만 참고 견뎌야 했던 힘든 순간에 대한 기억과 상처는 아직도 내 마음속 여기저기에 얼룩처럼 남아 있다.

물론 그들의 잘못만도 아니다. 나도 잘못한 것이 많고, 그래서 돌아보면 후회스러운 일이 한두 가지가 아니다. 그때 내가 왜 그랬을까? 좀더 지혜롭게, 현명하게 넘어갈걸 하는 안타까운 마음도 든다. 인내심에 관해서는 아직도 정답을 모르겠다. 좀더 참았어야 했는데 하고 후회하는 일도 많고, 또 한편으로는 그때 왜 그렇게 참고만 있었을까, 그 일만은 참지 않았어야 했는데 하는 일도 많으니까.

무엇보다 억울한 것은 나라는 인간의 구체적이고 생생하고 개별적인 특성을 충분히 보여줄 수 없었다는 점이다. '조직이란 그런 거야' 싶으면서도 슬프고 안타까웠다. 그뿐 아니다. 수십 년간 '성차별'과 맞서 싸우느라 힘겨웠는데, 어느 때부터인가 '연령차별'이라는 또하나의 장벽 앞에 서 있는 나를 발견했을 때의 서글픔이란……. '늙은' '여자'라는 이중으로 취약한 지위를 가진 사람, '쓸모가 줄어든' 사람처럼 취급받는 기분이 들 때마다 이렇게 소리치고 싶었다.

"도대체 당신들이 나를 알기나 해? 난 당신들이 생각하는 그런 사람이 아니거든. 당신들이 아는 것보다 훨씬 나은 사람이거든!"

하기는 20년이 넘는 세월을 마무리하기란 쉬운 일이 아니다. 나이 탓도 있다. 젊었을 때는 앞만 보고 달려가느라 직장을 옮겨도 새로운 직장에 적응하기 바빴고 이런 식의 가슴앓이를 할 시간 자체가 많지 않았으니까.

새삼 깨달았다. 이별은 결코 간단하지 않다. 그리고 모든 이별에는 애도와 치유 과정이 필요하다. 직장이나 공적 관계망과의 이별도 예외가 아니다. 충분한 시간이 필요하다. 아, 이런 것쯤은 모른 체하고 은근슬쩍 지나치려고 했는데, 그냥 멋있게 떠나려고 했는데, 역시 인생에 공짜는 없나보다.

돈에 대한 생각,
불행해지지 않으려면
얼마가 필요할까?

막상 은퇴해보니 돈 앞에서 절로 겸손해진다.
돈이 전부가 아니다라는 말은 돈이 중요하지 않다는 말이 아니라
글자 그대로 전부가 아니라는 의미다.
전부는 아니지만 매우, 상당히 중요하다는 뜻이다.

은퇴 후에 기본 생활비 외에 필요할 것이라고 예상한 지출 분야는 여행비, 책값, 사교비, 경조사비 정도였다. 그중에서도 조금 크게 목돈이 필요한 부분은 여행비다. 은퇴 전에 가장 해보고 싶었던 것 중 하나가 여행 성수기인 여름을 피해 봄가을에 여유롭게 다니는 여행이었다. 그런데 갑자기 불어닥친 코로나19 때문에 여행을 갈 수 없는 상황이 되고 말았다. 모임도 줄어들어 사교비도 많이 들지 않았다.

미처 예상하지 못했던 지출은 건강관리비용이었다. 운동을 좋아하는 편이 아니었던 터라 그동안 운동에 돈을 들여야 한다는 생각은 별로 해보지 않았다. 걷는 것을 워낙 좋아하여 매일 걸었을 뿐 수영, 요가, 필라테스는 조금씩 맛만 보다가 모두 포기했고 골프처럼 경쟁심이 필요한 운동에는 흥미가 없었다. 나이가 들수록 코어 근육이 중요하고, 그래서 근력운동을 꼭 해야 한다는 정보를 수없이 접했지만 헬스클럽에 들어가기만 해도 숨이 콱 막혔다.

시간도 문제였다. 현역 때는 운동을 하려고 해도 시간 맞추기가 쉽지 않았다. 월요일부터 금요일까지 목숨처럼 시간을 지켜야 하는 일들이 빼곡했고, 매주 수요일 회의시간도 빠지면 큰일났고, 갑자기 생기는 저녁 약속도 모두가 일의 연장이었기에 "오늘은 요가 클래스가 있는 날이라……"라는 말을 꺼내는 것부터가 웃기는 일이었다. 결국 운동시간을 지키려고 애쓰는 것 자체가 스트레스였고 돈만 내고 가지 못하는 것도 스트레스였다. 건강의 적인 스트레스를 조금이라도 줄여보려고 운동하는 것인데, 오히려 스트레스가 더 생기는 꼴이니 이래저래 운동은 우선순위가 낮은 활동이 될 수밖에 없었다.

부지런히 운동하고 근육을 키워 나이보다 젊어 보이고 건강해 보이는 친구들이 부럽지 않은 것은 아니었지만 그것은 어디까지나 그들의 삶일 뿐 이번 생에 근육 있는 몸을 갖는 것은 불가능한 일이라고 애초에 포기했다.

그런데 재작년 겨울에 새로 이사한 아파트 안에 있는 헬스센터에 들렀다가 간단한 OT와 함께 인바디 측정을 했는데, 그 결과가 꽤 충격적이었다. 재작년보다 근육은 줄고 체지방은 늘어난 것으로 나왔다. 전에는 이런 좋지 못한 결과에도 눈 하나 깜짝하지 않았는데, 이번에는 달랐다.

무엇보다 지금이 내 인생에서, 아니 내 몸의 역사에서 엄청 중요한 때임을 자각했다. 내 몸에 관심을 갖고 어떻게 관리를 하느냐에 따라 앞으로 남은 수십 년의 인생이 달라질 것이기 때문이다. 건강은 행복한 은퇴생활의 기본 중의 기본. 그래서 결심했다. 내 몸을 소중히 다루기로. 그동안 수고한 몸에게도 말해주었다. 매일 책상에 앉아 머리만 굴리느라 몸이 보내는 신호도 무시하고 소홀히 대한 것에 대해 용서를 빈다고. 지금부터는 잘 지켜주겠다고. 그런데 건강은 돈하고도 직결되는 문제이기도 하다. 운동을 하려면 먼저 시간과 돈이 필요하다. 은퇴 후에는 시간도 많고 마음의 여유도 충분하지만 경제적인 부분에서는 그렇지 못하다. 돈 관리의 두 가지 핵심은 소득의 크기를 키우거나 아끼는 것인데, 은퇴하여 소득이 줄어든 지금 돈을 아끼면서 합리적인 소비생활을 하는 수밖에 다른 방법이 없다. 그런데 근력운동이라는 예상하지 못한 지출 요인이 생긴 셈이었다.

하지만 생각해보면 운동에 드는 돈은 무조건 '아껴야 하는' 그런 종류의 지출이 아니다. 건강해지기 위해 쓰는 돈은 지출임과 동시에 투자다. 건강해야 돈도 벌 수 있고 뭐든 할 수 있기 때문이다. 『벌거벗을 용기』의 저자 미래에셋은퇴연구소 김경록 소장이 이야기한 100만 원이라는 돈의 가치를 생각해보자. 6억 원을 예금하여 월 100만 원 정도를 받는 지인이 강의를 나갔더니 강의료로 100만 원을 주더라며 일해서 월 100만 원을 버는 것은 6억 원을 가진 것만큼의 가치가 있다고 말했다고 한다. 물론 은퇴한 후에 월 100만 원을 벌기 위해서는 자기만의 기술이나 노하우가 필요하다. 건강하다고 누구나 다 100만 원을 벌 수 있는 것은 아니다. 하지만 건강하지 않으면 돈을 벌 수 있는 가능성은 0에 가깝다.

꼭 돈을 벌지 않더라도 건강하면 큰돈을 아낄 수 있다. 병원비와 간병비는 물론 돈으로 환산하기 힘든 나와 가족의 고통, 시간, 보살핌 등의 비용을 아낄 수 있다.

그래서 나는 건강을 지키기 위해 PT비용을 지불하는 '합리적인' 선택을 했다. 6개월간 PT를 계속했고 요즘에는 필라테스를 하고 있다. 당장 근력이 생기는 것 같지는 않지만 몸보다도 마음이 펴지는 것 같아서 행복하다. 비가 오나 눈이 오나 걷는 일도 꾸준히 하고 있다.

많은 사람이 은퇴라는 단어만 들어도 돈을 먼저 떠올린다. 당연하다. 소중한 월급이 없어지는 것이 은퇴가 아닌가. 그러므로 은퇴생활을 잘하려면 우선 돈이 있어야 한다는 것도 맞는 말이다. 그럼에도 불구하고 전에는 돈보다 더 중요한 것이 많다, 그래서 돈이 전부가 아니다라는 식의 글도 많이 썼다. 당시에 돈이 전부가 아니라는 것을 강조했던 이유는 다음과 같다.

첫째, 매스컴에서 다루는 은퇴 후의 삶에 대한 염려가 지나치게 경제적인 측면에만 치우쳐 있다는 데 대한 반발심 때문이었다. 돈이 제일이고 돈 없으면 죽는다는, 그래서 적어도 몇 억은 모아야 한다는 이야기들 말이다. 너무 돈돈 하니까 돈 걱정 하지 않아도 될 사람들까지 걱정하게 되는 현실이 안타까웠다. 돈에 대한 지나친 공포심과 노후 자금 마련의 피곤함, 돈 걱정으로 귀중한 시간과 에너지를 허비하며 사는 것이 안타깝게 느껴졌다. 모두 돈돈 하니 나만이라도 돈이 전부가 아니라는 말을 해야 하지 않나 하고 생각했다.

둘째, 행복이 소득에 비례하는 것은 아니기 때문이다. "소득이 행복에 기여하는 것은 사실이지만 일정 수준에 달하면 행복과 소득의 상관관계는 거의 없어진다"는 학자들의 주장도 주장이지만 실제로 나는 은퇴자 연구를 할 때 돈이 전부가 아니더라고 말하는 사람들을 많이 만났다. 그때 만났던 "돈 걱정은 없지만 전혀 행복하지 않다"며 우울해하던 L씨는 이렇게 말했다.

"전에는 가진 게 건강과 돈밖에 없었는데, 요즘엔 시간도 있죠. 그런데 문제는 이 많은 시간을 어떻게 보내야 할지 도대체 모르겠다는 거예요. 돈이 많으면 뭐 합니까? 사는 재미가 없는데…… 그저 자식들 좋은 일만 시키는 거지요. 최근에도 땅문제로 자식들하고 한바탕했어요. 신경정신과에서는 괜찮다고 하는데도 계속 우울하네요. 아침에 동이 트는 걸 볼 때마다 죽고 싶다는 생각도 해요. 수명이 점점 길어진다니 정말 걱정이네요."

이런 이야기야말로 심층 인터뷰를 통해서나 들을 수 있는 이야기다. 은퇴 후 일상생활에 관한 이런저런 이야기를 하다보면 평소에는 잘 드러내지 않는 속마음을 진솔하게 털어놓는 경우가 많기 때문이다. 어쩌면 L씨 같은 사람도 설문조사를 하거나 친구나 옛 직장 동료를 만날 때면 "아무렴, 뭐니뭐니해도 돈이 있어야지"라고 말할지도 모르는 일이다.

그런데 막상 은퇴해보니 돈 앞에서 절로 겸손해진다. 돈이 전부가 아니다라는 말은 돈이 중요하지 않다는 말이 아니라 글자 그대로 전부가 아니라는 의미다. 전부는 아니지만 매우, 상당히 중요하다는 뜻이다. 돈으로 건강이나 친구를 살 수는 없지만 운동하면서 건강과 활력을 유지하고 친구도 더 자주 만나 웃고 즐길 수 있으니 친구 사이도 더 좋아지기 마련이다.

그래서 이번 기회에 돈에 대한 나의 입장을 정리해보았다. 돈과 행복에 관해 "돈이 얼마나 있으면 행복할까?"라는 질문을 "얼마만큼의 돈이 없으면 내가 불행해질까?" "무엇을 할 돈이 없으면 불행할까?"라는 질문으로 바꾸어보기로 했다. "돈이 얼마나 있으면 행복할까?"라는 질문은 너무 대답하기 어렵기 때문이다. 만약 내가 대답한 그 액수만큼의 돈이 하늘에서 뚝 떨어지는 일이 생긴다면? 처음에는 1억만 있어도 행복할 것이라고 대답했다가 이내 후회할 것 같다. 너무 적은 액수를 부른 나 자신을 원망하고 나서 그럼 10억? 20억? 50억? 이런 식으로 액수는 자꾸 올라가고 그마저도 너무 적게 부른 것은 아닐까 하고 생각하느라 마음은 점점 불편해지고 결국 불행감만 커질 것이다.

그에 비해 "얼마만큼의 돈이 없으면 내가 불행해질까?" "무엇을 할 돈이 없으면 불행할까?"라는 질문은 아무리 돈이 없어도 최소한 이런 것은 하며 살아야겠다는 삶의 방향, 또는 이런 것을 하지 않으면 정말 불행해질 것 같다는 활동 리스트에 더 비중을 두는 것이다. 이 질문에 대답하려면 버킷리스트에 적어두었던 것 중에서 아직 두 다리 튼튼할 때, 기억력이 있을 때, 뛰는 가슴이 남아 있을 때 실행할 것들을 추려야 한다.

이때 중요한 것이 현금이다. 내 주변에도 자산은 많은데 막상 현금이 없어서 매일 돈 걱정에서 헤어나지 못하는 '가난한 부자'들이 꽤 있다. 이른바 '돈맥경화증'에 걸린 것이다. 아무리 매출이 많은 기업이라도 현금이 없으면 흑자도산을 하듯이 은퇴생활에도 현금이 흐르지 않으면 행복의 피는 돌지 않는다.

나는 체력 단련을 위한 PT나 필라테스 비용, 친구나 지인에게 점심을 살 돈, 가끔 음악회나 공연을 볼 수 있는 티켓값, 여행비용, 약간의 사치를 즐길 수 없는 돈이 없다면 불행할 것이다. 그래서 현금이 부족하지 않도록 과음, 과식하지 않고 건강한 생활 습관을 유지하면서 가능한 한 합리적인 소비를 하려고 노력한다.

하지만 돈 관리의 첫번째 핵심은 뭐니뭐니해도 소득을 창출하는 것이라는 점도 잊지 않고 있다. 즉 적은 돈이라도 오래 버는 것이 중요하다. 그래서 나도 최대한 건강을 지키면서 내가 할 수 있는 일, 잘하는 일을 계속하려고 한다. 원고 쓰는 일도 계속할 것이고 이런저런 자문 활동도 계속할 것이다. 그러려면 나라는 인적 자원에 대한 투자가 필요하다. 이런 식으로 생각하다보니 나를 위해 쓰는 돈이 자꾸 늘어난다. 어쩔 수 없는 일이다. 앞으로도 상당 기간 나에 대한 투자는 멈추지 않을 생각이다. 나의 건강과 행복을 위해.

갑자기 집안일이 좋아진 나, 이상한가요?

그동안 살아보지 못했던 삶을 실컷 살아보고
그것이 무엇이든 내 안의 욕구를 무시하지 않고 시도해보는 것,
그것이야말로 은퇴자가 누릴 수 있는 특권이니까.

2019년 연말에 대한적십자사가 주최한 자선행사에 참석했는데, 우연히 우리나라 여성을 대표하는 최고의 공직을 역임한 B씨 바로 옆자리에 앉게 되었다. 사적으로 말을 나누어보기는커녕 인사조차 해본 적 없는 사이였지만 자리가 자리인지라 이런저런 이야기를 나누게 되었다.

이른바 '잘나가던' 유명 인사의 은퇴생활은 어떨까 궁금하여 자연스럽게 요즘 어떻게 지내는지, 은퇴생활은 어떤지, 재미있는지에 관한 이야기를 주고받았는데, 그는 자신의 근황에 대해 한마디로 이렇게 설명했다.

"저요? 집안일이 어찌나 재미있는지⋯⋯ 집안일에 푹 빠져 지내요."

'비록 은퇴했지만 지금도 여성의 지위 향상을 위해 이런저런 노력을 하고 있고'라는 식의 뻔한 이야기를 기대한 것은 아니었지만 생각보다 훨씬 더 솔직하고 소탈하여 조금 놀랐다. 그래서 나도 모르게 되

물었다.

"집안일이 재미있으시다고요?"

그는 나 같은 반응에 익숙하다는 듯이 웃으며 대답했다.

"내 친구들도 의아해해요. 밥해먹고 청소하는 일이 재미있다니, 쟤가 미쳤나? 이런 반응이죠. 내가 너라면 부엌을 아예 없애버리겠다, 넌 밥해줄 사람도 없는데 왜 그러고 사니, 한심하게. 이렇게 대놓고 야단치는 친구도 있다니까요."

"그렇죠. 제 친구들도 이제 집안일은 지긋지긋하다고, 그래서 남편 밥 차려주는 게 너무 싫다고 말하는데요."

B씨가 말했다.

"맞아요. 내 친구들도 대부분 그렇게 말해요. 그런데 난 그동안 안 해본 거라 그런지 너무 재미있는걸요. 사실 공직을 그만둔 직후에 모 대학에서 일주일에 한 번씩 강의도 했는데, 그것도 뭐 나름 재미는 있더라고요. 하지만 요리하고, 집 꾸미고, 친구들 놀러 오면 밥 해주는 게 더 재미있고 좋더라고요."

그는 이후로도 한참 동안 집안일이 얼마나 흥미진진한지, 얼마나 과학적인 접근을 필요로 하는지에 대해 설명했다. 자신이 싱글이었으니 망정이지 결혼을 했거나 애가 있었다면 진즉에 일을 그만두고 집안일에 전념했을지도 모른다는 말까지 했다.

한마디로 그녀는 '나 때는 말이야'라며 진부한 이야기를 반복하거나 '온갖 어려움을 극복하고 유리 천장을 뚫고 승진의 사다리를 올라

가는 데 성공했다' 등을 운운하며 과거의 영광에 취해 사는 그런 유형의 사람이 아니었다. 과거보다는 현재에 집중하면서 남들이 어떻게 생각하든 자신이 진정 좋아하는 일을 하면서 하루하루를 사는 사람이었다. 집안일에 관한 이야기를 하면서 눈을 반짝이며 진심으로 즐거워하는 표정이 그 모든 것을 말해주었다.

덕분에 은퇴하기 전에는 매일 무슨 옷을 입을까 고민하느라 우리 삶에서 '의식주' 중에 '의'가 중요한 줄 알았는데, 요즘에는 '의'보다는 '식'과 '주'가 훨씬 더 중요하게 느껴진다. 이참에 '의식주'라는 말의 순서도 바꾸어야 하지 않을까 하는 식의 이야기를 즐겁게 주고받을 수 있었다.

사실 나도 B씨만큼은 아니지만 집안일이 싫거나 힘들지 않다. 내가 생각해도 신기하다. 젊었을 때는 가사 노동이 싫고 지루하고 무의미한 일처럼 느껴져 마치 시시포스처럼 벌을 받는 것 같다, 해도 해도 끝이 없다고 불평했는데 말이다. 정말이지 가뜩이나 좋지도 않은 머리로 일하기도 바쁜데, 집안일까지 신경써야 한다는 사실 자체가 그렇게 짜증날 수가 없었다.

그런데 요즘에는 그렇지 않다. 식생활만 해도 전에는 분위기 좋은 식당에서 외식하기를 좋아했는데, 점점 식사량과 주량이 줄어서 그런지 조금씩 시장을 봐서 집에서 간단히 요리해서 먹는 일상을 즐기게 되었다.

하기는 외출하는 것보다 집에 있는 것을 더 좋아하는 쪽으로 라이프스타일 자체가 바뀌었으니 어느 정도의 가사 노동은 감수할 수밖에 없다. 집에 있는 시간은 점점 많아지는데, 집안일을 싫어해보았자 손해 아닌가. 차라리 집안을 편안하게 꾸며놓고 가사 노동도 즐기는 편이 합리적인 선택인 것이다.

집안의 권력이 '부엌'에서 나온다는 말도 실감한 터. 남편한테 권력을 행사하기 위해서라도 부엌에서만큼은 주도권을 갖고 싶다(사실 가끔은 주도권을 뺏기고 싶은 것이 솔직한 심정이지만).

그러다보니 집안일에 흥미를 잃고 지긋지긋해하는 친구들로부터 비웃음을 살 때도 있다. 친구들과의 짧은 해외여행에서 쇼핑할 기회가 생겼을 때 큰 폭으로 할인 판매하는 접시 세트를 덥석 사고 말았다. 친구들은 이해할 수 없다는 표정으로 모두 한마디씩 했다.

"아이고, 난 있는 그릇도 다 버리는데, 넌 참 이상하다."

"너 요리 좋아해?"

"그런 접시 무겁지 않니? 난 요즘엔 무조건 가벼운 게 좋더라."

평소에도 말을 예쁘게 하는 친구 S만이 그래도 나를 거들었다.

"그래, 이번에 이사가니까 새 접시 쓰면 좋겠다."

어쨌든 나는 친구들이 비웃거나 말거나 아랑곳하지 않고 수하물로 부칠 수도 없는 무거운 접시 세트를 핸드캐리로 들고 왔고 덕분에 요즘 잘 쓰고 있다.

은퇴 후에 취향이나 라이프스타일이 달라진다는 이야기를 하다보니 친한 후배 S가 생각난다. 일본에 유학하고 있던 20대의 그를 처음

BATHROOM
CLEANER
KITCHEN
CLEANER

만났을 때만 해도 S는 그때까지 내가 만난 대학 후배 중에서 가장 씩씩하고 용의주도하고 생활력도 강한 사람이었다. 공부를 마치고 한국으로 돌아와서 직장을 다닐 때도 여전히 씩씩하고 사람 좋아하고 리더십도 뛰어나 주변에 사람들을 몰고 다니며 '음주가무'도 즐기던 그는 건강문제로 예상보다 일찍 직장을 그만두었다.

나보다도 2년 먼저 은퇴한 그가 프랑스 자수와 한지 공예를 배운다면서 "수건 같은 데 한 귀퉁이에 조그맣게 수를 놓는 건데 기분 전환도 되고 좋아요. 하하" 하고 호탕하게 웃을 때만 해도 나는 속으로 생각했다.

'와, S에게도 저런 면이 있었나? 의외인데? 그야 뭐, 조금 배우다 말겠지.'

그런데 벌써 2년이 넘도록 열심히 배우더니 지난봄에는 우리 부부에게 각각의 이니셜을 수놓은 작은 테이블보 하나씩을 선물하기도 했다. 한지 공예 솜씨도 날로 발전하는 것 같았다. 몇 주 전에는 집으로 점심 초대를 해서 갔더니 잔치국수와 배추전을 만들어주고 한지 공예 작품도 보여주며 자랑하는 폼이 당분간은 관두지 않고 열심히 할 모양새였다. 씩씩하고 담대해 보이는 그에게 저토록 섬세한 감성이 잠재해 있었다니……. 역시 사람은 알 수 없다.

아, 그런데 뭔가 이상해진다. 내가 지금 무슨 이야기를 하고 있는 것일까? 직장일에 전념했던 커리어우먼일수록 은퇴 후에는 여성성이 발현되고 집안일에도 흥미를 갖게 된다는 이야기? 그래서 여자가 남자보다 은퇴생활에 더 잘 적응할 수 있고 여러모로 유리하다는 이야기?

오, 아니다. 오해하지 말기 바란다. 절대 그런 이야기가 아니다. 주변을 둘러보면 평생 직업을 갖고 일했지만 계속 사회 활동을 하고 싶어 하는 여자도 많고, 평생 바깥일도 잘하고 집안일도 잘하는 '멀티태스킹'에 능한 여자도 많다. 물론 남자도 마찬가지일 것이다.

그보다는 이런 말을 하고 싶다. 흔히 노화로 인한 성격 변화를 말할 때 '남녀 간'에 성격의 교차 변화가 일어난다고 하지만 이런 교차 변화는 남녀 간에만 일어나는 것이 아니라 '한 성性' 안에서도 일어날 수 있다. 즉 남녀 불문하고 직장일만 신경쓰며 밖으로 나돌던 사람이 은퇴 후에는 집안에 있기를 좋아하거나 집안일에 흥미를 느낄 수 있고, 반대로 바깥일보다는 집안일을 주로 했던 사람이 나이들수록 밖으로 나가고 싶어하고 사회적 성취나 관계를 중요시할 수도 있다.

물론 수명이 길어지고 있으니 또 한번의 역전이 일어나지 말라는 법도 없다. 집안일을 좋아한다고 착각했던 내가 어느 날 '진실'을 깨닫고 "아, 역시 집안일은 지옥이야!"라고 소리치며 집을 뛰쳐나간다든지(정말 그렇게 될 것 같은 예감도 아주 없지는 않다), 또는 조신하게 프랑스 자수를 놓던 후배 S가 어느 날 갑자기 가죽 재킷에 오토바이를 타고 나타나서 나를 놀래준다든지. 이런 일이 없으리라고 누가 장담하겠는가.

그래도 어쨌든 남자든 여자든 간에 은퇴 후에 이전과는 다른 삶을 살아보고, 생각지도 못했던 활동이나 분야에 관심과 흥미를 갖는 것은 좋은 일이다. 내 안의 잠재력이 확장되는 만큼 인생도, 즐거움도 풍성해질 테니까.

그러므로 은퇴한 후에 갑자기 집안일이나 요리에 흥미가 생긴다면, 또는 평생 해보지 못했던 섬세한 취미생활을 하고 싶어진다면 '어? 내가 왜 이러지? 어디 아픈가? 병원에 가봐야 하나?'라고 생각하지 말고 '어라, 나한테 이런 면도 있었네. 그동안 모르고 있었네'라며 순순히 받아들이는 편이 좋다.

어쨌거나 그동안 살아보지 못했던 삶을 실컷 살아보고 그것이 무엇이든 내 안의 욕구를 무시하지 않고 시도해보는 것, 그것이야말로 은퇴자가 누릴 수 있는 특권이니까.

2부

그때는 몰랐던 것들

힘 좀 빼고
설렁설렁 살걸

어쨌거나 내 주변에는
엄청 열심히 사는 사람들이 수두룩하다.
은퇴 후에도 현역 때의 리듬에 맞추어
한 치 흔들림 없이 살고 있다고 자랑하는 친구도 있다.

영화배우 문소리가 감독과 각본, 주연을 맡은 〈여배우는 오늘도〉라는 독립영화에는 중견 여배우의 '웃픈' 현실이 잘 드러나 있다. 제일 흥미로웠던 것은 여배우 문소리가 느끼는 가장 큰 좌절감이 연기력이나 영화와 관련된 부분이 아니라 외모였다는 점이다. 영화에서 문소리는 젊고 예쁜 여배우한테 밀린다는 느낌 때문에 좌절하며 매니저한테 이렇게 소리친다.

"내가 예쁘냐고, 안 예쁘냐고? 솔직히 대답해봐."

문소리는 모 TV 프로그램에서도 본인이 예쁜가, 안 예쁜가에 대해 이창동 감독과 나눈 대화 내용을 소개했다. 본인이 데뷔하고 나서 "그 배우 별로 안 예쁘던데?"라는 말을 굉장히 많이 들었다고 한다. 그래서 이창동 감독에게 "내가 안 예뻐요?"라고 물어보았더니 이창동 감독이 이렇게 대답했다는 것이다.

"충분히 예뻐. 그런데 다른 여배우들이 지나치게 예뻐."

다른 여배우들이 '지나치게' 예쁘다는 표현이 정확하면서도 송곳처럼 날카롭게 느껴진다. 내가 보아도 우리나라에는 지나치게 예쁜 배우가 너무 많다. 아니 요즘에는 남녀노소를 막론하고 과하게 잘생긴 사람들이 정말 많다. 사정이 이러하다보니 그냥 적당히, 알맞게 예쁘면 전혀 눈에 띄지 않는다. 문소리처럼 '충분히' 예쁘고 연기력 출중한 배우도 미모를 고민할 정도니 무슨 말을 더 하겠는가.

이 이야기를 꺼낸 것은 배우나 미모에 관한 이야기를 하기 위함이 아니다. '지나침'에 대해 말하기 위해서다. 그동안 '지나치게' 힘주고 살았던 내 삶이 후회스럽다는 이야기를 하려는 것이다. 은퇴하고 나서 가장 먼저 든 생각은 그동안 왜 그렇게 '지나치게' 온몸에 힘을 주고 살았을까 하는 것이었다. 조금이라도 힘을 빼면 물에 빠지기라도 할 것처럼 잔뜩 힘을 주고 살아왔다. 노래를 부르거나 운동을 할 때처럼 힘을 빼고 살았어야 했는데, 가끔은 정신줄을 놓을 시간도 필요했는데……. 알맞게, 적당하게 일하고 알맞게, 적당하게 놀았어야 했는데, 뒤늦게 후회가 된다.

얼마 전에는 내 인생에서 진짜 힘 빼고 살았던 때가 언제였나, 그런 때가 있기는 했나 하고 돌아보았다. 역시 많지 않았다. 그래도 겨우 떠오르는 것은 대학교 1학년 여름방학이 막 시작되던 때였다. 대학 첫 학기 학기말고사가 끝난 6월 중순쯤 시험이 끝나자마자 장마가 20일가량 길게 계속되었는데, 그 20일 동안 하루도 빠짐없이 매일 명동에 있던, 김정옥 연극 연출가가 운영했던 다방 겸 소극장 '까페 떼아트르'

에서 같은 과 친구랑 만나 시간을 보냈다.

무슨 이야기를 했는지 정확히, 아니 전혀 기억나는 것이 없다. 아마도 대학에서 처음 맞는 여름방학을 어떻게 보내야 하는지에 대한 생각이 하나도 없는 두 명이 아무 이야기나 막 던지면서 청춘의 시간을 죽였던 것 같다. 어찌 보면 참 비생산적이기도 하고 한심하기도 해서 나중에도 "아이고, 그때 참 그렇게 할일이 없었나?"라고 중얼거렸을 정도다.

그런데 이상하게도 4, 50대에 한창 바쁜 시간을 보내면서 온갖 종류의 스트레스에 찌들어 지내고 있을 때 가끔씩 그 시절이 떠올랐다. 장맛비는 계속 내리는데 아무 의미 없는 시간을 보내며 시간을 죽이고 있던 그 시간과 공간의 기억과 이미지가 내 무의식 한쪽에 선명하게 자리를 잡고 있었던 것이다. 지금은 연락도 되지 않는 그 친구와 무슨 말을 했는지조차 기억나지 않는 그 시절의 한 자락이 평생 나를 따라다녔다는 것도 처음 알았다.

돌아보면 그때가 인생에서 거의 유일하게 시간의 사치를 누리던 때였다. 무엇을 해야 한다거나 어떤 사람이 되어야 한다며 눈에 불을 켜지도 않았고 어깨에 힘을 주지도 않았던 유일한 시기였다. 시대적으로도 요즘 젊은이들이 쓰는 단어로 '스펙'을 갖추어야 한다는 강박적인 생각에 짓눌리지 않았던 시절이었다. 새로운 정체성을 그려보려는 고민은 있었으나 바쁘게 서두르지 않았던 보기 드물게 평화로운 시간이었다.

아, 당시만 하더라도 나중에 전공까지 바꾸고 몇 군데의 직장을 거치면서 바쁘게 정신없이 온몸에, 특히 어깨에 잔뜩 힘을 주고 살게 될 줄은 미처 몰랐다. 너무나 짧았던 '무위無爲'의 시간, 행복하게 시간을 낭비했던 기억, 유일하게 시간의 사치를 허용했던 그때를 그토록 그립게 추억할 줄은 정말 몰랐다.

30대부터는 이때는 이래야 하고, 무엇을 이루어야 하고, 무엇을 가져야 하고, 몇 평짜리 아파트에 살아야 하고, 무슨 차를 타야 하고 하는 식으로 마치 정해진 기준이 있는 것처럼 여가생활이나 여행마저도 미션처럼 해내려고 애썼던 것 같다. 광고에서나 본 듯한 어떤 이미지를 가슴에 품고 싸울 필요가 없는 것들과 싸우며 살아왔다. '뭣이 중헌지'도 모른 채 누가 정해준 것인지 알 수 없는 이상한 기준에 휘둘렸다. 지금보다 나은 나, 지금보다 멋진 삶, 지금보다 성공한 내일을 꿈꾸며 스스로를 닦달하며 혹사했다. 시간을 돈처럼 여기고, 생산성과 쓸모 있는 사람이 되어야 한다는 강박의 늪에서 허우적거렸다.

남들의 인정은 왜 또 그렇게 받고 싶어했는지. 많지도 않은 에너지를 인정받는 데 모두 써버린 듯하다. 누군가의 표현대로 '인정 투쟁'의 삶을 살았다. 사교적이지도 못한 내가 더 멀리, 더 넓게, 더 많은 네트워크를 쌓기 위해 노력했고 무슨 모임이나 미팅에 자주 참석하고 얼굴을 내밀어야 한다는 사회적 압박에 부응하기 위해 여기저기 누비고 다녔던 일을 떠올리면 멀미가 난다. 말하고 싶지 않을 때도 말했고 웃고 싶지 않을 때도 웃으면서 친화력을 보이려고 애썼다.

그중에서도 가장 힘들고 어리석었던 짓은 조찬회의를 쫓아다녔던 일이다. 뭐 대단한 일로 새벽부터 회의하러 다녔다면 말을 안 한다. 지금은 하나도 기억에 남지 않는 일로 이른 새벽에 모여 머리를 쥐어뜯었던 세월이 전생에 겪었던 일처럼 아득하게 느껴진다.

이제야 질문을 던진다. 그때, 왜, 무엇을 위해 그렇게 분주하게 쏘다녔던 것일까. 왜 멈추면 뒤처진다고, 조금이라도 쉬면 안 된다고 여기면서 살아왔을까. 마치 전쟁하듯이 말이다. 전쟁중의 군인이라도 쉬는 시간은 있을 것 아닌가. 코로나19 세상을 겪어보니 더 의문이 든다. 그 많던 모임은 꼭 필요했던 것이었을까? 수첩에 빼곡히 적혀 있던 수많은 약속, 술자리들은 어떤 의미였을까?

그러다보니 40대부터 바쁘지 않으면 아팠고 아프지 않으면 바빴다. 바쁘다고 힘을 주니 어깨가 쑤시고 온몸이 결렸다. 나름 중요한 프로젝트를 맡았을 때 보람도 있었으나 스트레스가 심해 잠을 푹 잔 날보다 설친 날이 더 많았다.

50대 중반이 넘어서야 비로소 세상만사가 내 마음대로 되지 않는다는 것, 인생이란 제멋대로고 거스르려고 저항해보았자 별 의미가 없다는 것을 확실히 알 수 있었다. 돈이나 지위, 명예나 성공 중 어느 것 하나 확실하게 얻지 못했지만 설령 얻었다 하더라도 크게 대단할 것도 없다는 사실을 깨달았다. 또한 그렇게 온몸에 힘주고 심각한 표정을 지으며 팍팍하게 살지 않았어도 지금 정도로는 살아남았을 것이라는 사실도 알게 되었다.

아, 이럴 줄 알았으면 진작 설렁설렁 살았을 텐데, 아등바등하며 목에 힘주고 살지 않았을 텐데 하고 뒤늦게 후회했다.

조금 다른 이야기지만 주변의 지인들이나 친구들을 보면서 요즘 이런 생각을 많이 한다. 현역일 때 잘나가던 사람도 조금 못 나가던 사람도 은퇴하니 다 비슷비슷해졌다. 코로나19까지 겹치다보니 더 그런 생각이 든다. 호화 여객선을 타고 여행하던 사람도 '집콕'하기는 마찬가지. 대부분 비슷한 일상을 보내고 있다. 차이가 있다면 새로운 상황을 얼마나 잘 받아들이는가 하는 유연성과 가까운 사람들과 얼마나 잘 지내는가 하는 친밀관계망이 아닐까 싶다. 돈이나 사회적 지위보다 더 중요한 것이 일상의 행복이라는 생각도 든다.

요즘 4, 50대 후배들을 보고 있노라면 안타깝다. '바쁘거나 아프거나'의 정도가 나 때보다도 더 심해진 것 같다. 아끼는 후배들이 아프다는 소리를 들을 때마다 가슴이 철렁 내려앉는다. 게다가 표정까지 눈에 띄게 어두워지고 있다.

후배들을 만날 때마다 느끼는 것인데, "그래도 행복이 더 중요하지 않아?"라는 한마디에 화들짝 놀라는 사람들이 왜 그리 많은지. 어쩌다 '행복' 같은 단어만 들어도 소스라치게 놀란다. '행복이라고? 아니 대낮에 그런 말을 해도 되나? 혹시 나를 도태시키려고 무슨 음모라도 꾸미는 것인가?' 하는 표정을 짓기도 한다. 내가 나이가 많으니 망정이지 나이라도 젊었으면 더 의심했을 것이다. 실제로 이렇게 말하는 후배도 있다.

"어머나, 행복? 그거 내가 느껴도 되는 거예요?"

제주 출신이며 영화 〈물숨〉의 감독 고희영이 쓰고 에바 알머슨이 그림을 그린 『엄마는 해녀입니다』는 할머니, 엄마로 이어지는 제주 해녀 삼대의 삶에 관한 이야기를 담은 책이다. 할머니처럼 해녀의 삶을 살지 않겠다고 바다를 떠났던 엄마는 다시 돌아와 매일같이 무시무시한 바다로 나간다. 엄마는 바닷속에서 숨 참기는 기본이고 물고기, 전복, 미역, 문어 등을 잘도 건져올린다.

하지만 욕심을 부리면 물은 안다. 억지로 이기며 나아가려고 하면 물은 귀신같이 알아챈다. 더 큰 전복을 찾으러 아래로 내려가다보면 어느새 바다가 엄마를 당기는 순간이 찾아온다고 한다. 해녀였던 할머니는 엄마에게 이렇게 타이른다.

"바다는 절대로 인간의 욕심을 허락하지 않는단다. 바닷속에서 욕심을 부렸다간 숨을 먹게 되어 있단다. 물숨은 우리를 죽음으로 데려간단다. 오늘 하루도 욕심내지 말고 딱 너의 숨만큼만 있다 오거라."

돌아가신 엄마도 자주 말했다.

"너무 바쁘게 살지 마라. 신나고 행복하게 살았으면 좋겠어……."

아마 우리 엄마도 해녀였다면 이렇게 말했을 것이다.

"오늘 하루도 딱 너의 숨만큼만 있다 오거라."

"너무 바쁘게 살지 마라.
신나고 행복하게 살았으면 좋겠어……."

"오늘 하루도 딱 너의 숨만큼만 있다 오거라."

진정
우리 은퇴한 거 맞아?

열심히 사는 것 자체가 나쁘다고
말하는 것은 아니다.
무엇을 위한 열심인가에 대해
묻고 싶은 것이다.

엊그제 서점에 가서 이런저런 책을 들추어보다가 『하마터면 열심히 살 뻔했다』라는 책의 일러스트를 다시 한번 훑어보았다. 제목도 제목이지만 일러스트가 더 재미있었다. '노력의 시대는 갔다, 나의 인생을 살기 위해 더이상 열심히 살지 않기로 결심했다, '열심히'의 논리 때문에 나의 시간과 열정을 부당하게 착취당하고 싶지 않다'고 말하는 책인데, 재미있고 기발하다.

그런데 조금 얄밉다. 너무 영리한 것 같아서. '우리 세대처럼 충분히, 미련할 정도로 열심히 살아본 후에야 알 수 있는 것을 어떻게 벌써 알았지?' 하는 기분도 들고, '흥, 그래도 그 나이엔 아마 열심히 살아야 할걸'이라는 말 한마디라도 해주고 싶어서 입이 간질거린다.

그럼에도 불구하고 너무 열심히 살고 싶지 않다는 논리에 공감하는 것은 무엇보다 시대가 달라졌기 때문이다. 세상이 너무 빨리 다양하게 변하고 있다. 지금은 열심히만 산다고 좋은 시대가 아니다. 그들이 기성세대에 대해 느끼는 상대적 박탈감, 부모처럼 살고 싶지 않다는 반발심 같은 것도 이해가 된다. 걸핏하면 '욜로YOLO'를 외치며 놀러 다니는 것도 눈꼴시지만 예쁘게 봐주기로 했다.

우리 세대는 달랐다. 어릴 때부터 '할 수 있다' '하면 된다' '안 되면 되게 하라'는 논리에 세뇌되었으니까. 열심히 사는 것은 기본이었다. 공부도, 일도, 돈 벌고 모으는 일도, 가족 부양도, 평생 뭐든지 열심히 열심히 살아온 세대다. 시대적으로 기회가 많았던 것도 사실이지만 한편으로는 그렇게 열심히 살 준비가 되어 있었기에 기회도 많지 않았을까 생각한다.

그런데 이렇게 열심히 살아온 사람들에게는 치명적인 약점이 있다. '열심히'에 중독되어 있다는 점이다. 충분히 오래 일하고 난 후에도, 은퇴한 후에도 너무 열심히 살면서 "바쁘다 바빠"를 입버릇처럼 외치는 친구들을 보고 있노라면 헷갈린다. 도대체 언제까지 열심히 살아야 하나. "얘들아, 정신 차려. 이젠 그렇게 열심히 살지 않아도 돼!"라고 소리치고 싶을 때가 한두 번이 아니다.

엊그제도 한 친구로부터 전화를 받았다. 이런저런 안부인사를 주고받은 후에 "이것 때문에 전화한 건 절대 아닌데……"라고 하면서 친구가 말을 꺼냈다.

"노인문제에 관한 리포트를 써야 해서 말이야. 자료 좀 보내줄 수 있어?"

"리포트? 노인문제라고? 자료? 무슨?"

은퇴생활에 금방 적응한(이럴 때는 적응력이 뛰어나다) 나로서는 '리포트'라는 단어조차 생소했다. 그것도 학생이나 제자도 아니고 몇 달 전에 은퇴한 내 친구가 아닌가? 모처럼 한가로운 생활을 즐기고 있을 줄 알았던 친구가 갑자기 리포트 이야기를 꺼내 당황스러웠다. 친구의 설명은 이러했다.

"사실은 작년부터 사이버대학에 등록해서 수강하고 있거든. 사회문제에 관한 리포트를 써야 하는데, 이왕이면 노인문제로 쓰는 게 좋을 것 같아서 말이야."

나는 그가 사이버대학에 등록했다는 사실도 처음 알았다. 공부도 할 만큼 했고 일도 할 만큼 한 그였다. 겨우 몇 달 전에 은퇴했는데, 공부하느라 쉬지도 않고 또 뭘 한다고? 내가 물었다.

"무슨 일 하려고 준비하는 거야?"

"아니, 일을 더 할 생각까지는 아니고. 뭐, 봉사를 하려고 해도 공부가 필요할 것 같아서, 그래서 하는 것뿐이야."

아, 내 주변에는 왜 이렇게 모범생, 아니 모범 은퇴자가 많은지 모르겠다. 이럴 때 뭐라고 해야 할지 헷갈린다. 사실 나는 친구나 후배가 뭔가 새로운 도전을 한다고 하면 "야, 그거 좋은 생각인데, 잘 해봐!"라며 엄청 부추기는 유형의 사람이다. 그런데 이상하게도 이번에는 그 흔한 격려의 말이 하나도 생각나지 않았다.

눈치 빠른 친구가 먼저 입을 열었다.

"사실 나도 내가 한심해 죽겠어. 지난 학기에는 21학점이나 듣느라

고 죽을 뻔했단다. 지금이 인생에서 제일 좋은 때라는데 놀지도 못하고 이게 뭔가 싶어. 이 좋은 가을날 리포트 쓰느라 하루도 빠지지 않고 동네 도서관으로 출근한다니까. 모두 나보고 미쳤다고 그래."

"음, 그렇구나."

"우리 남편은 한술 더 떠서 요즘에 나 같은 '평생학습 유목민'이 수두룩하다고 비웃지 뭐니?"

"평생학습 유목민? 그게 뭔데?"

"퇴직한 후에 뭐라도 해야 할 것같이 불안하고 조급해서 여기저기 떠돌면서 이런저런 강의를 수강하는 사람을 그렇게 부른대. 뭐 단순히 시간을 보내려는 사람도 있겠지만 재취업에 도움이 될까 해서 무료 강사 양성과정 같은 걸 듣는 사람도 많다는구나."

친구는 덧붙였다.

"한마디로 한심하다는 거지 뭐. 사실 그렇잖아. 무작정 강의만 듣는다고 뭐가 되겠니? 오히려 배운답시고 여기저기 기웃거리다가 취업할 수 있는 골든타임만 놓치기 일쑤라는 거야."

어쨌거나 내 주변에는 엄청 열심히 사는 사람들이 수두룩하다. 은퇴 후에도 현역 때의 리듬에 맞추어 한 치 흔들림 없이 살고 있다고 자랑하는 친구도 있다. 그러다보니 '다들 바쁜데 나만 비정상인가?' 하고 걱정하는 친구도 있다.

얼마 전에도 친한 친구 L이 물었다.

"네가 보기에 어때? 내가 너무 무기력해 보이니?"

"아니. 왜? 네가 어때서?"

그가 말했다.

"어디서 보니까 나이들수록 생산적으로 살아야 한다던데. 나만 너무 한가한 것 같아서 말이야. 이렇게 바쁘지 않게 살아도 되나? 내가 우울한가? 걱정이 돼서."

참 걱정도 열심히 한다. 이럴 때마다 나는 말한다.

"우리도 젊은이들한테 배울 건 배워야 해. 우리야말로 '앗, 하마터면 열심히 살 뻔했네'라며 정신 차려야 한다고."

친구들은 내 말에 '그래, 그 말도 맞네'라는 표정을 짓다가도 잊어버리고 금방 또 열심히 산다. 엊그제도 자전거를 너무 열심히 타던 친구 Y가 허리를 다쳐서 꼼짝도 못 하고 누워 있다는 소식을 들었다. 손주 돌보기를 직장일보다 더 열심히 하던 친구 P도 그만 앓아눕고 말았다.

이런 소식을 들을 때마다 친구들은 뒤늦게 "어쩐지 너무 열심이더라. 진작 좀 말렸어야 했는데……"라며 쯧쯧거리고는 자기도 또 뭔가를 열심히 한다. 아, 우리 친구들은 도대체 왜 이러나 싶다.

하기는 나도 크게 다르지 않다. 푸르른 날씨의 토요일에도 원고 쓰느라 집안에만 콕 박혀서 좋지도 않은 머리를 굴려가며 끙끙대고 있는 내가 한심해서 혼자 중얼거리기 일쑤다.

"나 은퇴한 거 맞아? 이러려고 은퇴했나? 이건 뭐 주말도 없네."

물론 열심히 사는 것 자체가 나쁘다고 말하는 것은 아니다. 무엇을 위한 열심인가에 대해 묻고 싶은 것이다. 아무거나 열심히 하는 '방향 없는 열심' '생각 없는 열심'이 아니기를 희망하는 것이다.

혹자는 말한다. 수명이 길어지니까 더 열심히 살아야 한다고. 하지만 나는 반대로 생각한다. 수명이 길어지니까 이 방향이 옳은지 그른지 생각해보는 게으르고 심심한 시간이 꼭, 반드시 필요하다고.

이제는
삶의 거품을 빼야 할 때

밝아진 눈으로 다시 보니
내 안의 허세, 열등감, 불안을 상징적으로 보여주는 거품들이었다.
불순물이 가득한 거품을 걷어내야 찌개 맛이 나듯이
빨리 걷어내지 않으면 내 인생도 맛이 갈 것만 같았다.

은퇴를 전후하여 내 딴에는 옷 정리를 하느라고 했다. 평소 입을 옷이 없다고 투덜대며 살아왔는데, 옷 정리를 하다보니 작아진 옷, 어울리지 않는 옷, 무엇보다 내가 왜 이런 옷을 샀을까 싶을 정도로 도대체 이해가 되지 않는 옷투성이였다.

시몬 드 보부아르의 자전적 소설 『모스크바에서의 오해』에는 예순의 나이에 은퇴한 교사 니콜이 옷장을 보면서 생각하는 내용이 나오는데, 꼭 내 이야기 같았다.

> 지금은 자신에게 허락된 것이 무엇인지, 금지된 것이 무엇인지 잘 알았고, 적절하게 옷을 입었다. 그러나 몸치장의 기쁨 또한 사라졌다. 예전에 옷에 품었던 친근한 애정이 더이상 존재하지 않았다.
>
> _시몬 드 보부아르, 최정수 옮김, 『모스크바에서의 오해』, 부키, 2016.

그러다가 얼마 전에 봄옷을 꺼내다가 깜짝 놀랐다. 내가 이렇게 중얼거리고 있었기 때문이다.

"와, 옷은 많은데 입고 나갈 데가 없네!"

코로나19 때문에 외출할 일이 줄어들기도 했지만 아무리 그래도 그렇지, 옷이 많다는 생각을 한 것은 평생 처음이었다. 친구들도 마찬가지였던 모양이다.

은퇴한 친구 몇 명이 만나 이런저런 이야기를 나누던 중에 옷 이야기가 나왔다. 한 친구가 자기 옷이 그렇게 많은지 처음 알았다고 하자 모두가 기다렸다는 듯이 공감의 말을 쏟아냈다.

"그러게 말이야. 정말 옷이 남아도네."

"정말 그래. 살다보니 이런 일도 있구나."

"그래도 넌 캐주얼한 옷이 많으니까 두고두고 입어도 되잖아. 난 옷장만 보면 숨이 막혀. 비싸게 산 색색 가지 정장들을 보면 내가 정말 미쳤었구나 싶어. 마구 내다버리기도 아깝고, 참 처치 곤란이네."

"그렇겠다. 난 비싼 옷 안 사길 정말 잘했어. 난 앞으로도 운동복 외에는 사지 않을 생각이야."

"그래. 정말 어리석지 않았니? 그땐 왜 그렇게 옷에 집착을 했는지 정말 이해가 안 가."

옷 이야기로 시작된 대화는 더 발전해서 우리가 그동안 얼마나 엉뚱한 일에 돈과 시간, 에너지를 투자하며 살아왔는지, 제정신이 아니었는지 반성을 하는 시간으로 이어졌다. 옷을 사러 다니느라 버린 돈과 시간이 아까워 죽겠다는 후회의 말들이 쏟아졌다.

돈 벌어서 이것저것 사면서 행복을 느끼던 시절이 있었다. 그때는 갖고 싶은 것이 정말 많았다. 꼭 필요한 것 외에도 항상 뭔가를 더 갖고 싶었다. 한마디로 군더더기를 사랑했다. 군더더기 없는 인생이란 너무 건조하고 재미없고 무미한 인생이라고 생각했다. 요리의 맛을 더 해주는 'MSG'처럼 그렇게 몰래 좋아했다. 스트레스 쌓일 때, 여행 갔을 때, 약간의 시간만 나도 노상 뭔가를 구경하고 사 모았다. 광고 카피 같은 말을 중얼거리면서.

"그동안 수고했어. 이런 것쯤이야 충분히 가질 만해."

그런데 정신을 차리고 보니 온갖 군더더기들이 온통 내 삶을 짓누르는 형국이 되고 말았다. 뭐랄까. 밝아진 눈으로 다시 보니 내 안의 허세, 열등감, 불안을 상징적으로 보여주는 거품들이었다. 불순물이 가득한 거품을 걷어내야 찌개 맛이 나듯이 빨리 걷어내지 않으면 내 인생도 맛이 갈 것만 같았다.

게다가 최근에 프랑스에서 오래 살다가 이사온 멋쟁이 선배 집을 방문하고 깜짝 놀랐다. 선배 집은 한마디로 단순, 소박, 깔끔했다. 선배 말에 의하면 자기도 전에는 정리를 잘하지 못하는 스타일이었는데, 프랑스에서 살면서 완전히 바뀌었다고 했다. 특히 파리에서 살 때 가까이 지내던 프랑스 여자들로부터 많은 것을 배웠다고 하면서 프랑스 여자들은 절대로 불필요한 물건을 쌓아두지 않는다고 했다.

선배는 프랑스 여자들이 정말 똑똑하다 못해 '철학적'이라고 말했다.

내가 물었다.

"철학적이라고요? 프랑스 여자들은 집도 화려하게 꾸밀 것 같은데……."

하지만 선배의 설명을 듣고 보니 일리도 있었다. 그들은 머리를 엄청 쓰면서 살고 있다고 했다. 어떻게 하면 맛있는 음식을 실컷 먹으면서도 살이 찌지 않을까, 어떻게 하면 꾸민 듯하면서도 꾸미지 않은 것처럼 자연스러운 멋을 연출할 수 있을까 등의 질문은 물론이고, 좀더 나아가 나에게 꼭 필요한 것과 필요하지 않은 것은 무엇인가라는 '철학적'인 질문에 대해 엄청 많이 생각하고 생각한 대로 실천한다고 했다. 그래서 다른 사람들이 무엇을 샀다고 해서, 뭐가 유행이라고 해서, 친구가 갖고 있다고 해서, TV에 나온 물건이라고 해서 사지 않는다고 했다.

선배는 편안하면서도 멋지게 꾸미고 다니는 멋쟁이들을 여러 명 사귀었는데, 그들 집에 갈 때마다 옷장이 너무 작아서 깜짝 놀랐다고 했다. "옷장이나 수납장이 부족하지 않아?"라고 물으면 하나같이 이렇게 대답한다는 것이다.

"옷이 너무 많으면 보관할 곳도 마땅치 않지만 외출할 때마다 옷 고르기도 번거로워서 말이야. 이 나이에 그런 일에 에너지와 시간을 낭비할 필요는 없잖아."

나이들수록 거품 없는 삶을 살고 싶은데 걱정된다. 뭔가 잔뜩 쌓아놓아야 할 것 같은 막연한 불안감, 남을 의식하는 데서 오는 이상한 허세 같은 것을 얼마나 덜어낼 수 있을지 의문이다.

아, 다시 그 시절로 돌아갈 수 있다면 옷 같은 것들, 즉 군더더기에 집착하지 않을 텐데.

여행도 마찬가지다. 내 친구 모두 요즘 젊은이들 못지않게 해외여행 가는 것을 즐기고 전 세계를 누비고 싶어했다. 만나기만 하면 늘 어디론가 떠나고 싶다는 말을 많이 했고, 세상이 넓다는 것을 내 발과 눈, 가슴으로 직접 체험하고 싶어했다. 여행을 다니지 않으면 실력이 늘지 않는다는 듯이, 뭔가 문화인으로서 결격사유라도 된다는 듯이. 세상은 넓고 갈 곳은 많은데, 이번 생에는 모든 곳을 갈 수 없어서 안타깝다는 말을 자주 했다.

그런데 나이 때문인가, 아니면 코로나19 때문인가, 또는 다른 무슨 심경의 변화 때문인가. 확실히 알 수 없지만 수십 년 만에 처음으로 무조건 어딘가로, 특히 외국으로, 이른바 선진국으로 떠나야 한다는 '여행 강박'에서 자유로워졌다. 아니 자유로워진 정도를 넘어 여행에 대해 부정적인 말들이 쏟아졌다.

"여행이 뭐라고 그렇게 쏘다녔는지, 지금 생각하면 이해가 안 가."

"여행을 다닐수록 허무하다는 생각이 들어서 이젠 아무 데도 가지 않으려고."

어쨌든 모두 코로나19가 끝난다 해도 전처럼 다니지는 않을 것 같다고 했다.

나도 그렇다. 심지어 몇 년 전에 떠났던 어떤 여행지에서는 눈물까지 흘리며 왜 여기까지 왔을까 하고 후회한 적도 있다. 세 명이 함께 떠난 여행이었지만 나는 일행과 떨어져 아침에 혼자 외출하여 한두 군데 둘러보다 오래되고 멋진 건물이 보이는 광장 벤치에 앉아 있었다. 배가 고파 샌드위치를 사서 먹으려는 참이었다. 하필 내가 앉은 벤치 앞 식당이 유명한 맛집이었는지 내 앞으로 점심 약속시간에 늦지 않으려고 종종걸음을 치는 멋쟁이들이 쉴새없이 지나갔다.

그때 그 근사한 식당 유리창에 내 모습이 비쳤는데, 그 모습을 보는 순간 갑자기 눈물이 핑 돌았다. 벤치에 혼자 앉아 있는 유리창에 비친 내 모습이 그날따라 왜 그렇게 초라해 보이던지……. 한없이 내 자신이 불쌍하게 느껴졌다. 슬프고 외로웠다. 멋진 거리 풍경, 쾌청한 날씨, 한가로운 시간을 보내고 있는 사람들의 느긋한 표정, 점심 약속시간에 늦지 않으려고 종종걸음을 치는 사람들의 모습, 지인과의 만남과 맛있는 점심식사에 대한 기대감이 역력한 표정. 주변의 모든 것이 완벽하게 아름답고 행복해 보이면 보일수록 나의 슬픔과 초라함이 더 도드라지는 느낌이었다.

때마침 한껏 멋을 낸 곱게 늙은 한 노인이 내 앞을 스쳐지나갔을 때 나는 돌아가신 엄마 얼굴까지 떠올리면서 참고 참았던 눈물을 결국 터뜨리고야 말았다. 완벽하게 아름답고 행복해 보이는 그 도시에서 가장 슬픈 사람처럼 느껴졌다. 돌아갈 비행기표 날짜는 며칠 후였고 여정은 아직 남아 있었다. 내일은 또 어디를 가야 하나, 어디서 이렇게 쓸쓸한 시간을 보내야 하나. 떠나온 집이 새삼 사무치게 그리웠다.

나이들수록
거품 없는 삶을 살고 싶은데 걱정된다.
뭔가 잔뜩 쌓아놓아야 할 것 같은
막연한 불안감, 남을 의식하는 데서 오는
이상한 허세 같은 것을
얼마나 덜어낼 수 있을지 의문이다.

그 여행이 나에게는 하나의 변곡점이었다. 참 슬펐지만 거울에 비친 나 자신을 보았고 있는 그대로의 나를 돌아보게 했다. 나이들고 많은 것을 잃었지만 그런 나를 받아들여야 한다는 것을 깨달았다. 여행에서 돌아와 집에 도착했을 때 집으로 다시 돌아와서 얼마나 기뻤던지. 평범하기 짝이 없는 내 집, 내 공간이 세상의 중심이라는 것을 그때 처음 깨달았다. 내 책상, 내 식탁이 그대로 그 자리에 있어서 행복했다.

항상 할일이 쌓여 있어서 도망치고 싶었던 집안 구석구석은 정다운 친구 같았고, 집 앞의 수수한 공원은 걷기에 정말 좋았으며, 동네 공원에서 마시는 맥주 한 잔도 작은 기쁨을 주었다. 언제라도 누군가와 점심 약속을 할 수 있었고, 약속시간에 늦지 않기 위해 종종걸음을 치며 서두르는 소소한 일상도 언제든지 가능했다.

그때 이후로 여행에 대한 생각도 바뀌었다. 전에는 가진 것이 별로 없다고 생각했기에 뭔가를 더 얻기 위해 떠나고 싶었지만 그 여행 이후로는 내가 가진 것이 의외로 많다는 것을 알게 되었다. 항상 뭔가를 더 배워야 한다고 생각했지만 사실 이미 많은 것을 알고 있었다. 이렇게 가진 것도 많고 아는 것도 많은데, 구태여 왜 떠나야 할까. 한때는 세상이 변하는 모습을 내 눈으로 직접 보고 싶다고 생각했지만 지금은 내 안의 변화만으로도 충분히 어지럽다.

여행은 지금 내가 서 있는 이곳이 바로 세상의 중심이라는 것, 행복이란 항상 내 주위에 있었는데 내가 보지 못했을 뿐이라는 것을 알게 해주었다. 온 세상을 여행하고 싶었던 20년 전에는, 아니 10년 전에는, 아니 몇 년 전만 해도 몰랐던 것들이다. 글쎄, 계속 몰랐다면, 모를 수 있었다면 더 좋았을까? 알 수 없는 일이다.

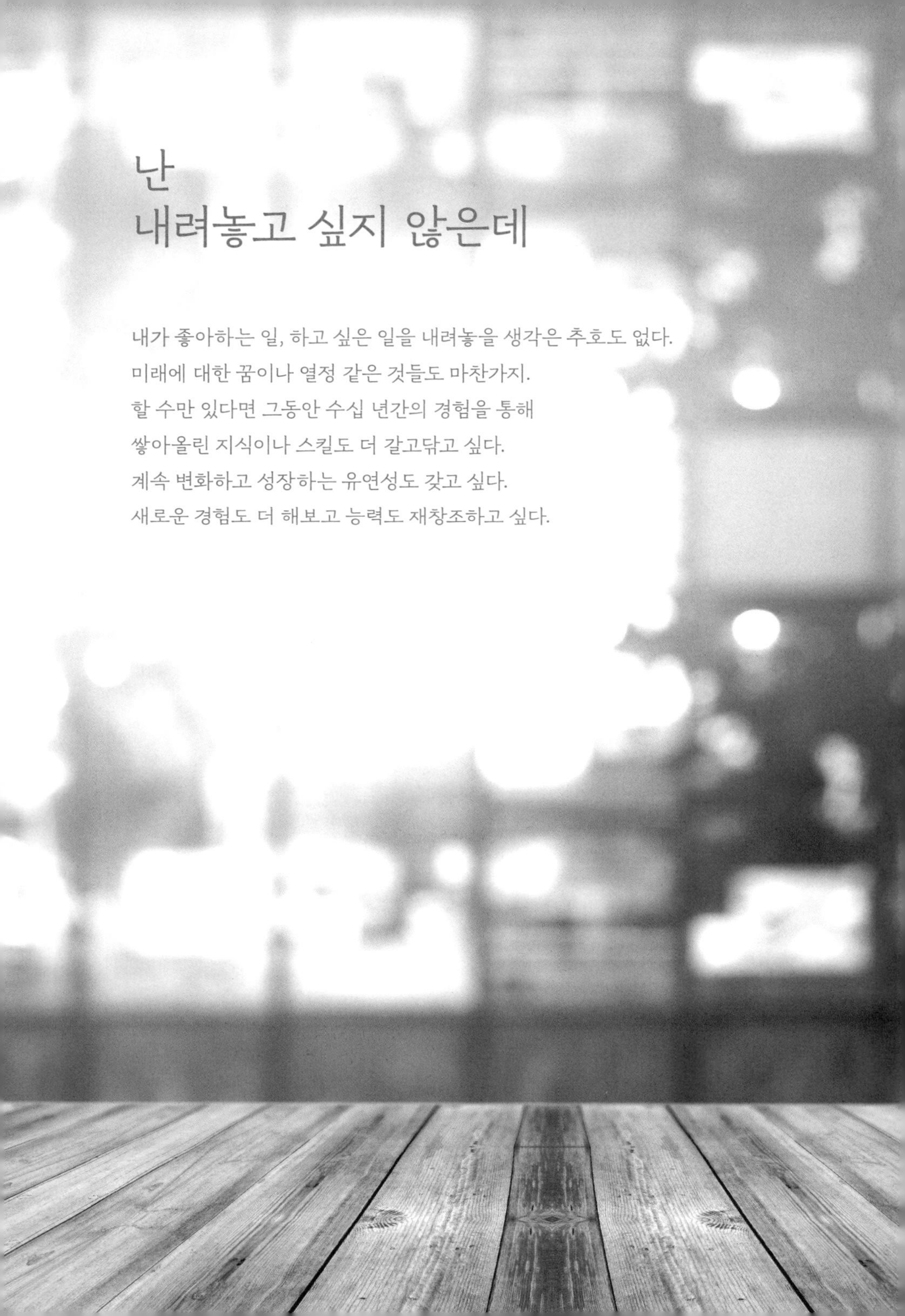

난
내려놓고 싶지 않은데

내가 좋아하는 일, 하고 싶은 일을 내려놓을 생각은 추호도 없다.
미래에 대한 꿈이나 열정 같은 것들도 마찬가지.
할 수만 있다면 그동안 수십 년간의 경험을 통해
쌓아올린 지식이나 스킬도 더 갈고닦고 싶다.
계속 변화하고 성장하는 유연성도 갖고 싶다.
새로운 경험도 더 해보고 능력도 재창조하고 싶다.

일본의 TV 드라마 작가 우치다테 마키코가 쓴 소설 『끝난 사람』은 유명한 드라마 작가가 촘촘한 취재를 통해 써서 그런지 준비 없이 은퇴한 사람의 현실을 소름 끼칠 정도로 리얼하게 표현하고 있다. 은퇴 직후에 부딪힐 수 있는 여러 가지 위험에 대한 경고의 메시지도 담고 있어서 매우 흥미롭다.

주인공 다시로는 도쿄대 법학부를 나와 일본 굴지의 은행에 들어가 출세 가도를 달리는 듯했으나 임원 승진을 하지 못한 채 마흔아홉 살에 자회사 총무부장으로 밀려났고 그곳에서 예순세 살에 정년퇴직을 맞는다. 이때만 해도 다시로는 마음속으로 소리친다.

"예순셋, 아직 머리도 팽팽 돌아가고 몸도 건강하다. 일도 얼마든지 더 할 수 있고 그냥 이대로 전무로 남는다 해도 누구보다 더 잘할 자신도 있다."

하지만 은퇴에 대비한 준비는 하지 못했다. 그냥 아내와 여행을 다니거나 영화를 보고 외식도 하면서 지내야겠다고 생각하는 정도였다. 그러나 다시로의 아내는 남편과 어울려 다니며 놀 생각이 전혀 없다. 그녀는 남편이 마흔아홉 살에 은행 자회사로 밀려나는 것을 보면서 남편만 믿어서는 큰일나겠다 생각하고 스스로 자신의 길을 준비하기로 결심했고, 그 길로 미용전문학교에 들어가 미용 기술을 배우고 자격증을 딴 후 조그만 미용실에서 일하는 중이다.

마땅히 할일도, 어울릴 사람도 없는 다시로에게 남아도는 시간은 재앙에 가깝다. 낮술을 입에 대보기도 하지만 하루해는 여전히 길기만 하다. 은퇴 직후만 해도 다른 은퇴자들의 평범한 일상을 경멸하며 자원봉사, 문화센터 취미 강좌, 헬스클럽 등을 철저히 거부했지만 그는 서서히 자신이 '끝난 사람'임을 뼛속까지 깨닫는다. 급기야는 자신을 무시하는 사회에 대한 울분이 쌓이고 자신감 상실, 의욕 부재의 나날을 보낸다. 오랜 망설임 끝에 구직센터를 찾아가 조건이 괜찮은 곳에 면접을 보러 가서 자신을 채용해주면 열심히 해보겠다고 결의를 다지기도 하지만 현실은 냉정하다. 기술도 없는 일류대 출신은 쓸모가 없었던 것이다. 모교 교정에 앉아 펑펑 우는 장면은 정말 남의 일 같지 않다.

그러다가 다시로는 대학원에 진학하기 위해 등록한 문화센터에서 서른아홉 살의 구리라는 미혼 여성을 만나고 아직 인생이 끝나지 않았다는 희망을 갖는다. 분위기 있는 레스토랑에 가서 식사를 대접하면서 인생이 핑크빛으로 변하는 경험도 한다. 하지만 결론은 동상이

몽. 어느 날 우연히 그녀가 다시로의 처남(아내의 사촌 동생)과 사귀는 사이임을 알게 되면서 자신이 밥 잘 사주는 아저씨에 불과했고 헛물만 켰다는 사실을 확인한다.

그 와중에 다시로의 인생을 정말 심각한 위기로 몰고 간 사건이 발생한다. 피트니스에서 우연히 젊은 벤처사업가를 만나면서 그 회사 고문으로 일하게 되는데, 무슨 운명의 장난인지 사업가가 갑자기 사망하면서 그 회사 대표이사 자리를 제안받는다. 다시로는 아내의 반대에도 불구하고 대표이사 자리를 수락하고 최선을 다해 열심히 일하지만 결과는 대실패다. 미수금을 받지 못한 회사는 파산하고 대표이사인 다시로는 은행 대출금 10억 원을 상환해야 한다. 평생 일밖에 몰랐던 '회사인간' 다시로는 결국 은퇴 자금을 모두 날리고 아내와 갈등이 심해지면서 졸혼에 이른다.

이 소설은 은퇴 후에 필요한 것이 돈만이 아니라는 점, 남아도는 시간을 어떻게 보낼 것인지에 대한 준비와 노력이 필요하다는 점을 잘 보여준다. 소설 마지막 부분에 주인공이 고향에 내려가 고교 시절 친구들을 만나는 모습을 통해 동창들의 다양한 삶을 보여주는 점도 흥미롭다. 복싱세계챔피언전 주심으로 활약하겠다는 목표를 실현하기 위해 꾸준히 노력해온 친구가 뒤늦게 꿈을 이룬 이야기, 황혼 이혼한 후 고향에 내려와 재능 기부를 하며 사는 동창 이야기 등. 은퇴 전에 어떤 마음가짐을 가져야 하는지, 현실적인 준비를 어떻게 해야 하는지에 대해 생각하게 하는 대목이다.

하지만 소설의 끝이 절망적인 것만은 아니다. 주인공 부부가 함께 고향을 찾는 마지막 장면에는 다시로에게 또하나의 새로운 인생이 열리기를 기대하는 작가의 마음이 배어 있는 것이 아닐까 하고 느껴졌다. 끝날 때까지 끝나지 않는 것이 인생 아닌가.

그런데 흥미로운 것은 이 소설을 읽은 사람들의 시각 차이였다. 몇몇과 대화를 나누어보니 역시 은퇴 후에는 모든 것을 내려놓아야 한다, 은퇴 후에 섣불리 뭘 하려고 하면 큰일난다는 교훈을 이 책을 통해 얻었다고 말하는 사람이 꽤 있었다. 한마디로 은퇴하면 무조건 모든 것을 내려놓고 아름답게 늙어가는 것이 정답이라는 말이다.

하지만 나는 다르게 생각한다. 지나친 책임감이나 욕심 같은 것을 내려놓아야 한다고 말한다면 찬성이다. 하지만 은퇴했다는 이유만으로 모든 것을 내려놓아야 한다고? 그에 대해서는 찬성할 수 없다.

얼마 전 서점에 가보고 은퇴에 대한 시각이 엄청 달라지고 있다는 것을 실감했다. 불과 몇 년 전까지만 해도 은퇴라는 단어만 들어도 '죽음'이라는 단어가 연상된다는 듯이 미간을 찌푸리거나 철학자처럼 심각한 표정을 짓는 사람들이 많았는데 요즘에는 그렇지 않다. 돈만 있다면(!) 하루라도 빨리 은퇴하고 싶다는 사람들이 늘어나고 있다. 은퇴를 준비하는 연령대도 젊어져서 30대도 은퇴하고 싶다고 말한다. 파이어FIRE: Financial Independence, Retire Early족도 등장했다. 최대한 빨리 돈 벌어서 경제적으로 자유로워지고 일찍 은퇴해서 하고 싶은 일 하며 삶을 즐기고 싶다, 돈문제만 해결된다면 일찍 은퇴해서 삶을 즐기고 싶다는 분위기가 조성되고 있는 것이다.

하기는 얼마 전에 우연히 만난 아홉 살짜리 초등학생에게 무심코 "나중에 어떤 사람이 되고 싶어?"라고 물었다가 깜짝 놀랐다. 전혀 예상하지 못한 대답이 돌아왔기 때문이다.

"빨리 은퇴해서 전기도 들어오지 않는 지리산 근처 마을에 살고 싶어요."

뭐? 은퇴? 처음에는 귀를 의심했으나 다시 생각해보니 엄마, 아빠의 말을 따라한 것 같았다. 아마 아이가 있는 데서 요즘 직장 다니는 것이 너무 힘들다, 돈만 있으면 하루빨리 은퇴해서 지리산 근처에서 살았으면 좋겠다, 거기 전기도 들어오지 않는 마을이 있다던데, 그런 데서 살면 얼마나 좋을까 등의 말을 하지 않았을까?

젊은 나이부터 은퇴를 준비하고, 연금을 계산해보고, 자기가 좋아하는 삶을 살려고 노력하는 것은 좋은 일이다. 하지만 은퇴라는 말만 들어도 곧바로 '내려놓는다'는 단어를 떠올리지는 말았으면 좋겠다. 현실적으로 은퇴를 준비해야 하는 50대도 마찬가지다. 인생이 6, 70세쯤에 끝나는 단거리 경주라면 50세부터 내려놓는 연습을 해야겠지만 100세까지 이어지는 마라톤이라면 50세가 내려놓을 나이는 아니지 않나? 무작정 내려놓을 것이 아니라 삶의 방향을 유연하게 바꿀 필요가 있다고 생각한다.

독일의 노화심리학자 발테스P. B. Baltes & M. M. Baltes 부부가 제시했듯이 자신에게 맞는 일이나 활동을 '선택'하고 '최적화'하며 다양한 '보

상 방법을 활용'하는 전략을 구상해보는 것도 좋을 듯하다. 예를 들면 나이든 후에도 마라토너로서의 활동을 계속하고 싶다면 달리기에 더 많은 시간과 에너지를 쓰기 위해 다른 행위를 줄이거나 포기해야 하며(선택), 일상적 리듬을 유지하기 위한 훈련과 다이어트를 계속하며(최적화), 좋은 신발을 고르고 부상에 대비해야 한다(보상).

나한테도 걸핏하면 뭘 내려놓으라고 조언해주는 사람들이 있다. "아이고, 글쓰는 거 힘들지 않니? 눈에도 좋지 않을 텐데. 이젠 힘든 일 그만하고 놀아라." 이렇게 걱정해주는 식이다. 요즘 PT나 필라테스를 하는 재미가 얼마나 쏠쏠한지 모르겠다고 말하면 "요즘 내 주변에 운동하다가 다치는 사람이 얼마나 많은지 몰라, 차라리 운동 안 하는 게 나은 것 같더라" 하며 재를 뿌리는 친구도 있다. 다 나를 위해서 하는 말이겠지만 한마디로 '노 땡큐'다. 그렇게 다 내려놓으면 나는 도대체 누구란 말인가? 내 삶의 의미와 재미는 어디서 찾을 수 있다는 말인가?

물론 글쓰는 일이 '또하나의 노동'이고 건강에도 큰 도움이 되지 않으며 성격도 까칠해지는 것은 사실이다. 은퇴 전보다도 더 오랜 시간 동안 컴퓨터나 책 앞에 앉아 있을 때도 많아 내가 너무 열심히 사는 것이 아닌가 하고 반성할 때도 많다.

하지만 내가 좋아하는 일, 하고 싶은 일을 내려놓을 생각은 추호도 없다. 미래에 대한 꿈이나 열정 같은 것들도 마찬가지. 할 수만 있다면 그동안 수십 년간의 경험을 통해 쌓아올린 지식이나 스킬도 더 갈고

닦고 싶다. 계속 변화하고 성장하는 유연성도 갖고 싶다. 새로운 경험도 더 해보고 능력도 재창조하고 싶다. 그래서 더 열심히 걷고 운동도 하는 것이다. "무슨 일이든 오래하고 싶으면 체력부터 기르라"는 『미생』의 한 구절을 떠올리면서.

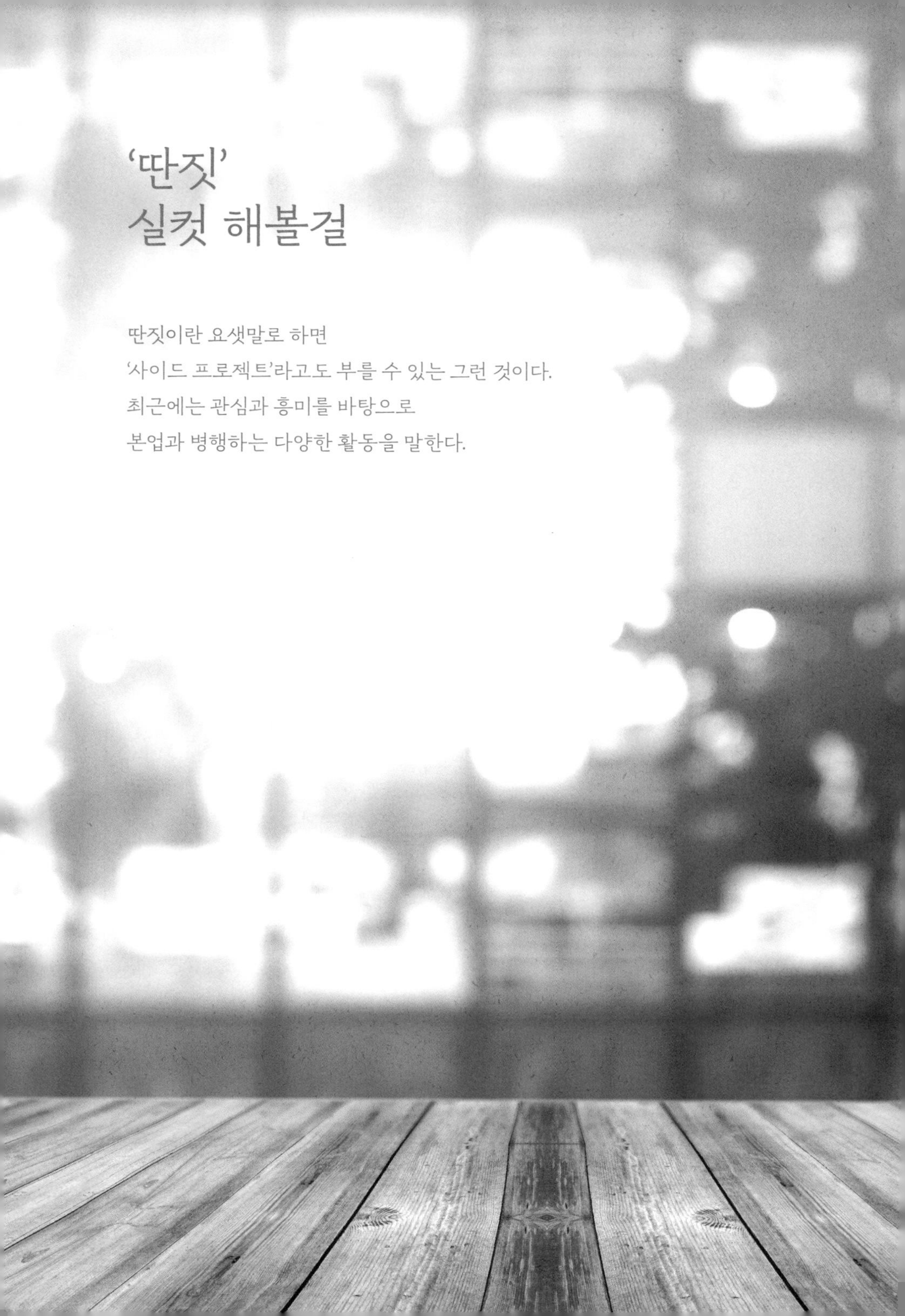

'딴짓'
실컷 해볼걸

딴짓이란 요샛말로 하면
'사이드 프로젝트'라고도 부를 수 있는 그런 것이다.
최근에는 관심과 흥미를 바탕으로
본업과 병행하는 다양한 활동을 말한다.

막연히 은퇴하고 나면 열정, 호기심, 욕망 등이 많이 남아 있지 않을 것이라고 생각했다. 아니 적어도 앞으로 뭘 할까, 어떻게 살까 같은 고민은 더이상 하지 않을 줄 알았다. 체력적으로나 심리적으로 에너지가 소진되므로 '꿈'과 같은 간지러운 단어와는 자연스럽게 멀어질 것이라고 짐작했다.

생각해보라. 30대쯤에 은퇴하는 운동선수나 연예인이라면 몰라도 60 넘어 은퇴하는 사람에게 "앞으로 이루고 싶은 꿈이라도?" 하는 식으로 질문하는 것을 본 적이 있는지. 기껏해야 "혹시 미래의 계획이 있다면?" 정도로 조심스러운 질문을 던질 뿐이다.

그런데 은퇴해보니 그렇지가 않다. 생각보다 뭐가 많이 남았다. 에너지가 많이 소진된 것도 사실이지만 그럼에도 불구하고 아직 많은 것이 빗물처럼 고여 있다. 뭔가가 연속적으로 여전히 이루어지고 있고 수많은 관계도 계속 이어지고 있다. 그래서 포기하기에는 아직 너무 젊다는 생각이 들 때가 많다.

꿈? 비록 꿈이라는 단어를 직접적으로 사용하는 일은 줄어들고 있지만 꿈 자체가 없거나 사라지는 것은 아니다. 꿈꾸는 일을 멈출 수 없다고나 할까. 인간은 살아 있는 한 방황하는 존재이듯이 살아 있는 한 꿈꾸는 존재가 아닐까 싶다.

그렇다면 아직도 남아 있는 꿈, 열정, 호기심, 욕망 등을 실현하는 방법은 무엇일까?

결국 '놀이로서의 일'이 중요하다는 것이 내 생각이다. 한창 일할 나이였을 때 꿈이나 열정은 '벌이로서의 일'과 관련된 것이었다면 은퇴 후의 꿈은 '벌이'보다는 '놀이'로서 무엇을 할 것인가, 즉 무엇을 하며 어떻게 놀 것인가의 문제와 더 밀접하게 연결되어 있다고 생각한다.

일할 때 제대로 일하지 못하는 사람이 정체성에 문제를 일으키듯이 은퇴한 후에 잘 놀지 못하는 사람은 엉뚱한 생각에 사로잡히거나 이상한 행동을 한다. 잘 놀지 못하는 사람일수록 화도 잘 낸다. '앵그리 올드'가 되기 십상이다. 별일도 아닌 일에 불같이 화를 내며 소리를 지르는 은퇴자들 중에는 '놀이로서의 일'이 부재하거나 불만인 경우가 많다.

그래서 어떤 사람이 은퇴한 후에 잘 노는지 유심히 주변을 살펴보았다. 결론은 현역일 때 실컷 '딴짓'을 해본 사람이 더 잘 놀았다. 여기서 딴짓이란 요샛말로 하면 '사이드 프로젝트'라고도 부를 수 있는 그런 것이다. 원래는 IT기업 직원들이 담당 업무가 아닌 별개의 프로젝트를 진행하여 새로운 서비스를 개발하는 것을 의미했는데, 최근에는 관심과 흥미를 바탕으로 본업과 병행하는 다양한 활동을 말한다.

그동안 내가 만나본 '딴짓파'는 현역일 때부터 뭔가를 배우거나 놀이를 개발하거나 다른 재미를 추구했던 사람들이다. 그들은 직장생활 외에 삶의 다양한 영역이나 분야에 관심이 많았고, 직업 외에도 자신의 정체성, 효능감을 확인할 수 있는 근원을 여러 개 갖고 있어 다양한 영역이나 분야에서 삶의 기쁨을 누려본 타입이다.

이들은 자기가 뭘 좋아하는지, 뭘 하고 싶어하는지 잘 알고 있다. 그냥 머리로만 아는 것이 아니다. 그동안 해온 수많은 딴짓을 몸으로도 익혔을 뿐 아니라 시행착오를 마다하지 않고 온몸으로 부딪쳐본 경험을 갖고 있다.

이들은 이런저런 딴짓의 풍부한 경험을 통해 은퇴 후 생활을 꿈꾸고 준비한다. 이런 사람들일수록 은퇴했다고 해서 무작정 여행부터 떠나는 식으로 행동하지 않는다. 시간도, 돈도 아깝기 때문이다. 그보다는 자기가 좋아하는 것, 하고 싶었던 것, 계획했던 것에 몰두하고 심지어 직장을 다닐 때보다 더 열심히 한다.

반면에 딴짓 한 번 해보지 않은 '모범파'의 은퇴 후 계획은 구체적이지 않고 막연한 경우가 많다. 현역일 때 워낙 바쁘게 열심히 일하다보니 은퇴 후 계획까지 세울 여유가 없었을지도 모른다. 은퇴하고 나면 그동안 못 잔 잠 실컷 자고, 못 가본 여행 실컷 다니고, 시골에 멋진 집 짓고 텃밭 가꾸며 평화롭게 살겠다는 식의 보랏빛 그림 같은 환상

ARABIA
FELIX
PARTHIA
PERSIA
INDIA

을 갖는 경우가 많다. 그나마 조금 시도해보다가 배우자가 반대하거나 생각보다 힘들거나 재미없으면 자신의 계획을 금방 포기해버린다.

지인 중에 딴짓파의 고수라고 불러도 좋을 만한 사람이 있다. 그동안 밥벌이로서의 일을 열심히 하는 사람은 수없이 많이 보아왔지만 노는 일도 그렇게 열심히 하는 사람은 보지 못했다. 그는 오래전부터 다양한 레퍼토리의 딴짓으로 친구들을 이끌었다. 덕분에 20년 전에 한창 바쁘고 돈 없을 때도 세계적인 오페라단의 공연도 관람했고 그가 판소리를 배우던 어느 해에는 12월의 마지막 밤을 안숙선 명창의 판소리 공연장에서 보낸 적도 있었다.

그가 몇 년 전부터 성악을 배우기 시작했다는 소리를 들었을 때만 해도 나는 '앞으로 시간이 많아지니 음악을 본격적으로 즐기려나보다'라는 정도로만 생각했다. 하지만 그는 은퇴한 이후 작은 콘서트장에서 공연까지 하면서 본격적으로 활동하고 있다. 역시 딴짓도 열심히 하면 은퇴한 후라도 꽃을 피울 수 있구나 싶다.

은퇴하면 다음과 같은 작은 것들만으로도 충분히 행복할 줄 알았다.

- 늦잠 실컷 자고 늦게 일어나기
- 평일에 브런치 먹고 맛집 찾아다니며 마음 맞는 사람들과 수다 떨기
- 평일에 영화 보기
- 평일에 걷고 운동하기
- 비수기에 여행 다니며 놀기

• 치앙마이에서 한 달 살기

그런데 직접 해보니 처음 한두 번은 좋았지만 세번째부터는 시큰둥해졌다. 광고 속에 나오는 것 같은 파란 바닷가에 누워 아무 생각 없이 하늘과 파도를 보는 그런 광경을 연출해보는 것도 하루 이틀이었다. 치앙마이에서 한 달 살기는 아직 해보지 않았지만 안 해보아도 상상이 간다.

"그래, 한 달간은 그런대로 잘 지냈어. 나름 재미있었어. 그런데 앞으로 남은 열한 달은 뭘 하며 지내지?"

이렇게 중얼거릴 것만 같다.

그리고 솔직히 앞에서 열거한 정도의 자유와 행복은 현역일 때 누리는 것이 더 짜릿하다. 마치 훔쳐먹는 사과처럼, 남몰래 먹는 디저트처럼 달콤하다. 1년 365일 맛집 찾아다니고 여행을 다닐 수 있게 되면 그때는 더이상 자유도, 행복도 아닌 뭔가 흉측하고 부담스러운 일상이 되고 만다. 사정이 이러하다보니 미리 이런저런 딴짓을 하며 다양하게 놀아본 딴짓파가 은퇴 후에는 유리할 수밖에 없는 것이다.

물론 딴짓이 또하나의 일이 되면 딴짓일 때의 흥미진진함은 줄어들 수도 있다. 나도 현역일 때는 원고 쓰는 일, 전공과 상관없는 책 읽기만으로도 가슴이 뛰었는데, 은퇴 후에는 매일 뭔가를 쓰고 읽다보니 딴짓과 일의 경계가 모호해지고 말았다. 가슴을 뛰게 할 또다른 딴짓, 또다른 놀이터가 필요하다는 것을 요즘 절실히 느끼고 있다.

요즘 3, 40대 중에 최대한 빨리 경제적으로 독립하여 일찍 은퇴하고 하고 싶은 일 하며 삶을 즐기고 싶다는, 이른바 '파이어FIRE'족을 추구하는 사람들이 꽤 있는 것으로 알고 있다. 나쁘지 않다. 아니 좋을 것 같다. 아무리 돈이 있어도 직업과 소속감, 명함이 있어야 한다고 믿었던 우리 세대와 다르다는 점도 신선하다.

하지만 '파이어'족을 하려면 앞으로 남은 6, 70년 동안 무엇을 하며 살 것인가에 대한 큰 그림을 그리고 있어야 한다. 그러려면 자신이 어떤 사람인지 잘 알아야 한다. 그래서 이렇게 묻고 싶다.

"당신이 어떤 사람인지 얼마나 잘 알고 있나?"

"하고 싶은 일이 무엇인지 얼마나 잘 알고 있나?"

"당신의 계획은 얼마나 구체적이고 지속 가능한가?"

이 질문에 대답하기 위해서라도 미리미리 딴짓을 실컷 해보라고 말하고 싶다.

3부

우리의 정서적 거리는 몇 미터?

점심만은
같이 먹고 싶지 않은 사람,
그 이름은 남편

남편이 외출해서 점심을 함께 먹지 않아도 될 때의
뭐라 표현하기 힘든 그 분위기 때문이다.
집안을 감도는 평화로움과 고요함, 적막한 달콤함,
적절하게 멜랑콜리한 분위기 등 말이다.
남편이 외출하는 순간 갑자기 집안에는
우아한 분위기가 감돌기 시작한다.

은퇴 후 가장 아쉬운 것은 뭐니뭐니해도 '월급'이다. 매달 정해진 날짜에 통장으로 입금되던 월급을 받아본 사람이라면 누구나 공감할 것이다. 월급이 얼마나 위대한 것이었는지. 그런 고마운 월급이 더이상 들어오지 않는다는 것은 생각만 해도 슬픈 일이다.

그다음으로 아쉬운 것은 현역에 있을 때 흔히 누렸던 것들이다. 예를 들면 직장에서 만들어준 명함, 자기 분야에 대한 영향력과 그에 따르는 대우. 한마디로 직장 때문에 누리고 즐겼던 것들이다. 하지만 다행히도 나는 그런 것에 대한 미련은 크지 않은 편이다. 그런 것을 포기하는 연습을 일찌감치 해왔다고 나름 자부하니까(물론 지금 생각이지만).

그 밖에 아쉬운 것은 또 뭐가 있을까? 바로 직장 동료들과 함께하던 점심시간이다. 특별한 약속 없이도 우르르 몰려가서 동료들과 그날그날 기분에 따라, 날씨에 따라 메뉴를 정해 먹거나 시간 여유가 있을 때는 분위기 있는 식당에서 먹기도 했다. 뭐 그리 대단한 장소나 메뉴는 아니었지만 함께 밥 먹을 때의 왁자지껄하고 정겨웠던 분위기는 쉽게 잊히지 않을 것 같다.

퇴임의 모든 과정을 끝내고 마지막으로 동료들 단톡방에 '다른 건 크게 아쉽지 않으나 같이했던 점심시간이 제일 그리울 것 같다'는 글을 쓰는데 어찌나 눈물이 앞을 가리던지. 물론 항상 즐거웠다는 말은 아니다. 사실 정확히 말하면 한숨을 푹푹 쉬고 인상을 찌푸려야 하는 날이 더 많았다. 업무 이야기를 할 때, 학생들 걱정을 할 때, 좋지 않은 소식을 접할 때, 해야 할 일이 산더미처럼 느껴질 때…….

그런데 은퇴 후 어느 날 점심 약속이 확연히 줄어들었음을 느꼈을 때 그제야 확실히 깨달았다. 그동안 별다른 약속 없이도 같이 밥 먹을 동료가 있다는 사실에 적잖은 위안을 받으며 살아왔다는 것을. 그래서 수없이 많은 힘든 시기도 넘길 수 있었다는 것을.

자, 이제 누구랑 점심을 먹지? 누구한테 전화를 하지? 휴대전화를 꺼내보았다. 그런데 이게 웬일? 연락처에 있는 많은 사람 중에 오늘 점심을 같이 먹을 사람이 금방 떠오르지 않았다. 아니 벌써? 은퇴한 지 얼마나 되었다고. 충격적이었다. 그렇다면 이제 약속 없이 아무 때나 함께 점심을 먹을 사람은 남편뿐인가? 정녕 그렇다는 말인가? 물론 남편이야 쌍수를 들고 환영할 것이다.

비가 오나 눈이 오나, 아플 때나 건강할 때나 함께 시간을 보내는 남편이지만 솔직히 점심만은 같이 먹고 싶지 않은 사람 또한 바로 남편이다. 그렇다고 해서 우리 사이에 내가 꼬박꼬박 점심을 차려야 한다는 명시적·암시적 규칙이 있는 것은 아니다. 아침저녁을 항상 같이 먹는 것도 아니다. 주말부부로 살았던 때는 하루 세끼를 따로 먹었다. 또 나보다 일찍 은퇴한 남편은 혼자서도 밥을 잘 차려먹는 편이고, 한때는 요리를 배우고 실습하느라 된장찌개를 직접 끓이기도 했다. 요즘에도 내가 일어나기 전에 과일이나 빵으로 아침을 챙겨먹고 매일 커피도 내려놓는다.

그런데도 점심만은 같이 먹고 싶지 않은 이유는 크게 세 가지가 있다. 먼저 가장 현실적인 이유인데, 남편이 외출하면 나 혼자 간단히 점심을 먹을 수 있다. 하지만 남편이 집에 있으면 아침에 이어 점심마저 간단하게 먹기가 너무하지 않나 하는 생각을 하게 된다. 영양과 건강을 고려해야 한다는 생각에 이것저것 음식을 만들게 되는데, 이는 상당한 가사 노동을 필요로 한다. 하다보면 힘도 들고 짜증도 난다.

둘이 함께 점심을 만드는 경우도 마찬가지다. 남편은 태생적으로 두 가지 일을 한꺼번에 못 하며 아주 작은 일까지 일일이 물어보기 때문에 성가시기가 이를 데 없다(이 글을 쓰면서 퍼뜩 생각난 건데, 혹시 일부러 그러는 것일까?). 또 설거지를 하거나 재료를 씻을 때도 물을 지나치게 많이 써서 여간 신경쓰이는 게 아니다. 이 모든 것을 종합하면 요리에 관한 한 도움이 1도 되지 않는 사람이다. 아예 내가 다 하는 편이 나을 때가 많으니 결국 나의 노동량만 늘어나는 셈이다.

둘째, 남편과 점심을 먹는 시간이 재미가 없다. 친구나 동료와 먹는 점심시간과는 달라도 너무 다르다. 친구나 동료와 점심을 먹을 때는 특별한 노력을 기울이지 않아도 자연스럽게 이야기를 나누며 시종 즐겁고 화기애애한 분위기가 조성된다. 그런데 남편과 점심을 먹으면 구내식당에서 직장 상사와 밥을 먹는 것 같다. 서로 눈도 마주치지 않고 대화도 나누지 않는 무거운 분위기에서 밥만 먹기 일쑤다.

웃으면서 천천히 먹으면 어디 덧나나? 친구랑 밥을 먹을 때는 맛이 그저 그래도 "음, 괜찮네. 이것도 좀 먹어봐"라며 분위기를 띄우는데, 남편은 아무리 맛있는 요리를 해주어도 반응이 없다. 단, 예외가 있다. 간이 맞지 않을 때는 지나치게 솔직하다. 싱겁다는 둥 짜다는 둥 갑자기 말이 많아진다.

집에서만 그런 것도 아니다. 외식을 해도 크게 다르지 않다. 한마디로 재미가 없어도 너무 없다.

하지만 그보다 훨씬 더 중요한 이유가 있다. 남편이 외출해서 점심을 함께 먹지 않아도 될 때의 뭐라 표현하기 힘든 그 분위기 때문이다. 집안을 감도는 평화로움과 고요함, 적막한 달콤함, 적절하게 멜랑콜리한 분위기 등 말이다. 남편이 외출하는 순간 갑자기 집안에는 우아한 분위기가 감돌기 시작한다. 모처럼 음악이라도 들어볼까 하는 고상한 생각도 하게 된다. 참 신기한 일이다.

심지어 여행지에서도 그런 경험이 있다. 몇 년 전에 영국 런던 근교에서 세 달 정도 머문 적이 있었는데, 어쩌다 남편이 동창이나 지인과 연락이 되어 점심을 먹으러 나가게 되면 나도 모르게 자꾸 웃음이 나왔다. 너무 좋아서. 나도 놀랄 지경이었다.

살면서 가끔 어떤 사람과 함께 있을 때보다 함께 있지 않을 때 그와 더 가깝게 느껴지는 야릇한 경험을 할 때가 있다. 별로 친하지도 않고 매일 만나는 사이도 아닌 어떤 사람으로부터 "일주일 동안 여행 다녀옵니다"라는 인사를 받으면 나도 모르게 그 사람 생각을 하게 된다.

'아, 지금쯤은 어디 있겠네. 3일 후면 돌아오겠네. 그동안 너무 무심했어. 여행에서 돌아오면 점심이라도 같이 해야겠다.'

그와 떨어져 있음으로써 생기는 거리감 덕분에 그에 대해 더 많이 생각하게 되고, 궁금해하기도 하고, 평소에 느끼지 못했던 감정을 느끼기도 한다.

남편? 그야 물론 함께 있지 않을 때 더 가깝게 느껴지는 첫번째 사람이다. 은퇴하고 나니 더욱 그렇다. 비가 오나 눈이 오나, 기쁠 때나 슬플 때나 함께하겠지만 어쨌든 점심만은 같이 먹고 싶지 않은 사람, 그 이름은 남편이다.

공간문제로 이혼까지?

어느 한쪽이라도 기분이 좋지 않거나
뭔가 의견이 맞지 않거나 화가 났을 때
좁은 공간에 함께 있다보면
적개심도 높아지기 마련이다.

엊그제 두 명의 친구를 만나서 모처럼 수다를 떨었다. 수다에도 엄연히 주제는 있는 법. 그날의 주제는 '은퇴와 공간문제'였다. 공교롭게도 세 명 모두 본인 또는 남편의 은퇴 후에 생긴 집안의 공간 재배치 문제로 골머리를 앓고 있었다.

지방에 있는 연구원에 다니던 친구 A의 남편은 은퇴 직후에 책, 논문, 자료 등을 작은 용달차에 한가득 실어서 집으로 가져왔다고 한다. 그렇지 않아도 네 식구 살기에도 빠듯하던 공간에 방 하나도 모자라 여기저기 쌓아놓은 잡동사니(A의 표현)를 보며 놀라서 입을 다물지 못하는 친구와 아이들에게 그 남편은 꿈이라도 꾸는 듯한 매우 낭만적인 표정을 지으며 말했다고 한다.

"그동안 못다 한 연구를 이제부터라도 마음껏 하려고."

A는 입까지 삐죽이며 말했다.

"얘들아, 생각해봐. 솔직히 그동안 못 한 연구를 이제라고 할 수 있겠니? 다 때가 있는 거지. 사실 기러기생활하던 남편이 집으로 돌아온 것 자체가 나한테는 엄청 부담이거든. 그것도 모르고 온갖 잡동사니까지 잔뜩 싸가지고 들어오는 건 뭐니? 온 집안이 꽉 차서 숨을 쉴 수가 없어. 애들은 애들대로 이참에 독립하겠다고 난리고. 글쎄, 이 일을 어떻게 하면 좋겠니?"

친구 B가 말했다.

"그래도 너희 집은 방 하나만 문제잖아. 난 도대체 집에 있을 데가 없어."

부부 둘만 사는 넓은 집에 있을 데가 없다는 것이 무슨 말인지 궁금해하는 우리에게 B가 말했다.

"남편이 은퇴 후에 이것저것 배우고 열심히 사는 건 좋은데, 40평 아파트를 혼자 다 차지하고 어질러놓는다니까. 한때는 목공예를 한다고 온 집안을 어질러놓더니 요즘엔 열대어를 키운다면서 거실에 커다란 어항을 갖다놓고 난리를 피우는데, 너무 정신 사나워서 집에 있을 수가 없어. 열대어도, 목공예도 꼴도 보기 싫어서 방안에만 있다보면 감옥에 갇힌 것 같고…… 이참에 오피스텔이라도 얻어서 내 공간을 마련하고 싶은데……."

B가 땅이 꺼지게 한숨을 쉬며 말을 이었다.

"내가 이 나이에 이게 웬일이니? 있을 데가 없어서 이렇게 고민할 줄은 정말 상상도 못 했어. 이참에 이혼하고 싶어. 졸혼을 하든지."

공간문제로 이혼까지?라는 생각도 들었지만 친구들 이야기도 100퍼센트 이해할 수 있었다. 이미 90여 년 전에 버지니아 울프가 『자기만의 방』에서 활기 넘치는 삶을 만끽하기 위해, 즉 인간으로서의 기본권을 누리기 위한 조건으로 '자기만의 방'이 있어야 한다고 주장한 바 있지만 '자기만의 공간'을 갖지 못한 사람들의 문제는 여전히 심각하다. 물론 여자들만 공간문제로 고민하는 것도 아니다. 전에 인터뷰했던 남성 은퇴자들도 비슷한 고민을 하소연했다. 집안에 내 공간이 없다, 아내나 아이들은 다 자기 방이 있는데 나만 방이 없다, 남의 집에 얹혀사는 것 같다, 거실에 앉아 있는 것도 눈치가 보인다, 가족들이 내가 거실에 앉아 있는 꼴을 못 본다, 소외감이 느껴진다, 평생 가족을 위해 고생했는데 내 쉴 곳 하나 없다는 것이 말이 되나, 인생 헛산 기분이다, 허무하고 슬퍼진다, 오피스텔이라도 얻어야 하나, 아니면 시골에 작은 컨테이너 집이라도 하나 지어야 하나…….

은퇴하면 집에 있는 시간이 많아진다. 직장에 가지 않아 매일 나갈 곳이 없으니 당연한 것 아니냐고 말할 수도 있겠지만 꼭 그런 것만은 아니다. 갑자기 집이 좋아지기도 한다. 나도 내가 이렇게 집을 좋아하는지 처음 알았다. 젊었을 때는 집에 있으면 일도 안 되는 것 같고 뭔가 뒤처지는 것 같기도 해서 노상 밖에 나가서 일하고 책도 밖에서 읽었다. 힘이 남아돌 때여서 그랬는지 그렇게 밖으로 싸돌아다녔다.

그런데 일종의 반작용일까? 이젠 웬만하면 돌아다니고 싶지 않다. 한때는 젊은 사람들처럼 카페에서 원고를 쓰거나 고치는 일도 해본 적 있건만 지금은 밖에 나갔다가도 빨리 집에 돌아오고 싶어진다. 편

2015
LANGHE
NEBBIOLO

한 옷 입고 두 다리 쭉 뻗은 채 집에서 일하는 시간이 그렇게 좋을 수가 없다.

나만 그렇겠는가. 남편도 그럴 것이다. 그러다보니 은퇴 후 각자 자기만의 공간을 확보하기 위한 치열한 싸움이 벌어진다.

그래도 나는 조금 나은 편이다. 일찌감치 내 능력과 한계를 간파했기에 은퇴와 동시에 상당한 양의 책과 자료를 싹 다 정리했고 꼭 필요한 책이나 자료는 은퇴 전부터 미리미리 야금야금 표시 안 나게 집에 가져다놓았다. 다행인지 불행인지 남편은 열대어를 키우거나 목공예를 하는 등의 취미나 열정, 부지런함, 손재주 그 어느 것도 갖고 있지 않은 사람이므로 공간을 차지할 만한 일은 애초에 벌이지 않았다. 최근에 고등학교 'OB합창단'에 들어갔지만 자신이 맡은 '테너2' 부분을 연습하기 위한 '입'과 악보를 놓을 공간만 있으면 되니 큰 문제가 없다. 나는 오래전부터 식탁 한쪽에 노트북을 놓아두고 원고를 쓰다가 부엌일도 하면서 지내왔다.

그런데도 갈등은 있다. 처음에 이사했을 때부터 책상과 책꽂이를 놓아둔, 일명 서재라고 부르는 방을 '남편 방'이라고 지정해주었는데도 남편은 그 방에는 통 들어가지 않고 내가 일하는 식탁이 보이는 거실 소파에 주로 앉아 있다. 소파에 앉아서 TV도 보고, 노래 연습도 하고, 가끔 영어 공부도 한다. 결국 집안의 다른 공간은 쓰지 않은 채 두 명이 거실과 식탁 근처에 옹기종기 모여 있는 셈이다.

그러다보면 남편이 잠옷 바람으로 소파에 앉아서 '점심은 언제 먹나?' '오늘은 간식 안 주나?' 하고 기다리는 모습이 영락없이 '공포의 거실남'이자 '종간나(종일 간식까지 챙겨주어야 하는)'다. 남편은 남편대로 식탁을 차지하고 앉아 일에 몰두하고 있는 나를 못마땅해한다.

"왜 책상을 놔두고 '신성한' 식탁에서 일하냐?"고 다그친다. 그때마다 나는 "책상보다 여기가 좋다. 그 책상은 당신 것이지 않나?"라고 우긴다. 그러다가 식사 때가 되면 남편의 잔소리를 피해 식탁 위에 어지럽게 널려 있는 책을 부랴부랴 치우느라 바쁘다.

물론 가끔은 좋을 때도 있다. 마치 카페에 앉아 있는 것처럼 심심하지 않고, 그때그때 필요한 정보도 주고받고, 적당한 백색소음이 뇌를 자극하기도 한다. 아주 가끔은 옛날 노래를 들으며 추억에 잠길 때도 있다. 하지만 그건 드물게 기분 좋을 때의 이야기다. 어느 한쪽이라도 기분이 좋지 않거나 뭔가 의견이 맞지 않거나 화가 났을 때 좁은 공간에 함께 있다보면 적개심도 높아지기 마련이다. 별것 아닌 일에도 서로 눈을 흘기며 언성을 높이면서 큰 싸움으로 이어지고 마는 것이다. 특히 정치 이야기 같은 예민한 화제가 나오면 얼른 자리를 피해야 한다.

혹시 내가 이혼을 한다면 적어도 50퍼센트는 공간문제 때문일 확률이 높다. 그리하여 이혼의 위험을 피하기 위한 모종의 조치가 필요하다. 각자 외출 횟수를 좀더 늘리거나 외출시간을 엇갈리게 조정하거나, 아니면 하루빨리 공간을 재배치하거나.

이런 생각을 하던 참에 매우 유용한 힌트를 주는 사람을 만났다.

바로 시모주 아키코씨다. 그는 『가족이라는 병』에서 자신이 어떻게 남편과 공간과 시간을 분리하며 지내는지 자세히 설명하는데, 가장 인상적인 부분은 부부 각자의 침실을 옆방에 배치한다는 점이다. 부부 침실은 각각 복도를 면하고 있는데, 무슨 일이 생기면 바로 들릴 수 있게 밤에는 문을 열어놓는다고 한다. 저녁에 식사를 끝낸 뒤 남편이 자기 방으로 들어가면 느긋하게 거실에서 책을 읽거나 음악을 듣는 혼자만의 시간이 실로 즐겁다고 고백한다. 각자 일어나는 시간이 다르므로 아침식사는 따로 한다는 말도.

그는 은퇴 전부터 미리미리 각자 자신들에게 맞는 생활방식을 생각해놓지 않으면 집이 불만과 스트레스의 온상이 된다고 경고한다. 방 배치나 생활방식을 바꾸려면 체력이 떨어지기 전, 즉 늦어도 60대가 지나기 전에 해야 한다고 강조한다. 자신도 만약에 70이 넘은 후에 방 배치나 공간의 중요성을 깨달았다면 귀찮아서 바꾸지 못했을지도 모른다고 말한다.

그의 글을 읽고 결심했다. 우리 집 공간도 너무 늦지 않게 재배치해야겠다고. 이혼하지 않으려면 각자 자신의 공간을 조금씩 더 확보하고 자기 공간에 머무는 시간을 조금씩 더 늘리고 거실에서 함께 있는 시간을 최대한 줄이는 방법을 모색해야 한다. 아, 이왕이면 외출도 번갈아하는 것이 좋겠다.

이런 결심을 하게 해준 시모주 아키코 선배님, 고마워요.

외로운 잔소리꾼이여, 제발 쉿!

한마디로 침묵이 그 어떤 말보다
존재감을 높여준다는 것을 잘 모르는 것 같다.

다 아는 이야기지만 나이들면서 드라마틱하게 찾아오는 변화 중 하나가 남녀 간의 성격이나 성 역할에 역전이 일어난다는 점이다. 각각 화성과 금성이라는 다른 별에서 온 탓에 좀처럼 접점을 찾기 힘들었던 두 사람이었는데, 어느새 세월이 흘러 이번에는 화성에서 왔던 남편이 금성으로, 금성에서 왔던 아내는 화성으로 가는 셈이다. 아, 남녀 간의 만남은 왜 이리도 항상 극적이어야만 하는 것일까.

사실 중년기 이후의 이런 변화에 대하여 카를 융은 일찌감치 아니마Anima와 아니무스Animus라는 개념을 사용하여 남자들은 내면의 여성적인 측면을 표출하고 여자들은 남성적인 측면을 표출하는 경향이 있다고 주장한 바 있다. 그래서 여자들은 전보다 목소리가 커지면서 자기주장이 강해지고, 공격적·독립적이 되고, 집안보다는 바깥일에 관심을 가지며 사회적 성취를 더 중요시하는 경향이 있고, 반면 남자들은 목소리가 점점 더 작아지고, 내면세계에 관심을 갖게 되며, 바깥생활보다는 가족과 여가생활을 더 즐기고 싶어한다는 것이다.

이 같은 성격 교차 변화의 원인이 '호르몬' 때문이라는 주장이 현재로서는 가장 유력하다. 하지만 이 변화가 정말 호르몬 때문인지에 대해서는 솔직히 의문이다. 생각해볼 여지가 많다고 생각한다. 2019년 봄 서울 어느 도서관에서 강의했을 때도 이 이야기가 나왔는데, 뒤쪽에 앉아 있던 50대로 보이는 한 남자분이 손을 번쩍 들고 이렇게 말했다.

"전 학자들이나 강의하시는 분들이 호르몬 얘기하는 게 너무 싫습니다."

참석자들이 수군대며 돌아보았다.

"그런 식의 변화가 모두에게 예외 없이 오는 것처럼 너무 단정적으로 말하는 게 마음에 들지 않아요. 요즘 우리집에서도 집사람 목소리가 커진 정도를 넘어 사사건건 명령조로 바뀌었는데요. 그럴 때마다 거부감이 확 들어서 뭐라고 한마디 하면, 이게 다 호르몬 때문이라면서 남들도 다 그렇다는데, 당연한 걸 왜 못 받아들이느냐며 오히려 큰소리를 쳐요. 학자들이 나이들면 다 그렇다고 하니까 여자들이 점점 더 이상해지는 거 아닐까요?"

나름 일리 있는 지적이다. 나도 나이든 후의 성격 변화가 남녀 간의 문제만은 아니라고 생각한다. 남자든 여자든 세월과 함께 성격도 변할 수 있다. 강산도 변하는데, 사람이라고 왜 안 변하겠는가. 직장일만 신경쓰며 밖으로 나돌고 공격적이고 자기주장 잘하던 사람이 나이든 후에는 집안에 있기 좋아하고 관계지향적인 사람이 될 수도 있고, 반대로 평생 집안일을 좋아하고 친밀성을 중요시하던 사람이 나이들수록 밖으로 나가고 싶어하고 사회적 성취나 사회적 관계를 중요시하는 사람으로 변할 수도 있다.

따라서 나이든 남녀의 성격이 교차적으로 변화하는 것은 나쁜 점보다 좋은 점이 더 많다는 것이 나의 생각이다. 생각해보라. 살아가면서 남성적인 특성과 여성적인 특성을 모두 경험해본다면 훨씬 성숙한 사람이 될 수 있지 않겠는가. 남녀를 막론하고 독립적이고 자기주장이 강하면서도 부드러운 사람이 될 수만 있다면 얼마나 바람직할까. 인생이 더 풍성해지지 않을까?

그런데 문제가 있다. 웬만한 것은 다 참겠는데, 나이들면서 남자들의 잔소리가 심해지는 것은 정말 문제다. 정말 참기 힘들다. 내 주변에도 남자들의 잔소리 때문에 괴롭다고 하소연하는 사람이 한둘이 아니다. 엊그제도 일 때문에 만난 30대의 M씨가 걱정스러운 얼굴로 말했다.

"선생님. 저희 아빠가요, 은퇴하시기 전에는 그렇게 말이 없으시더니 은퇴하신 후부터는 딴사람이 된 것처럼 말도 많으시고 잔소리도 심해지셔서 온 식구가 엄청 스트레스 받아요."

내가 조심스럽게 "그래도 말이 너무 없는 아빠보단 낫지 않나"라고 말하는 순간 그녀의 언성이 높아졌다.

"아유, 그게 그렇지가 않더라고요. 아빠가 불쌍하다는 생각이 들다가도 짜증이 나요. 아빠 연배에나 관심 있을 건강 정보 같은 걸 지나치게 시시콜콜 설명하시고 정치 얘기도 너무 자주 하시고. 당신의 가치관을 강요하는 것도 너무 괴로워요."

"그래도 딸이 착하시네. 싫은 내색 많이 하지 않나봐요."

"웬걸요. 아무리 싫은 내색을 해도 모르세요. 눈치가 없으신 건지 일부러 그러시는 건지. 그러다보니 자꾸 아빠를 피하게 돼요. 그랬더니 이번에는 인터넷에 떠돌아다니는 오만 가지 내용을 시도 때도 없이 가족 단톡방에 올리시곤 보는지 안 보는지 확인하시고, 안 보면 안 본다고 막 화를 내시고…… 아이고, 정말 힘드네요."

M씨는 자기보다도 어머니가 더 걱정이라고 했다. 어머니가 요즘 부쩍 졸혼에 관한 이야기를 자주 꺼내는데, 정말 졸혼이라도 하면 어떻게 하나 하고 겁나고 두렵다는 것이다.

코로나19까지 겹치면서 상황은 더 악화되고 있다. 엊그제도 친구 A가 남편이 하루종일 집에 있으면서 미간을 찌푸리고 앉아 있다가 뭐라도 삐뚤거나 흐트러진 것을 발견하면 잔소리를 해대는 통에 숨이 막힌다고 집 앞 카페에 나와 전화로 하소연했다.

"하다하다 이제는 냉장고 안까지 들여다보면서 채소가 다 썩는다, 돈 좀 아껴라라고 잔소리를 해대는데, 저놈의 냉장고를 밖으로 던져버려야겠다 싶더라니까."

우리집도 마찬가지다. 집안일에는 도통 관심 없던 남편이 언제부터인가 청소, 빨래 등 각종 가사 노동에 관심을 갖기 시작하고, 집안일에 적극적으로 참여해주는 것은 무척 고마운 일인데, 집안일 좀 한답시고 얼마나 잔소리가 심한지. 얼마 전까지만 해도 내가 한마디 하면 다섯 마디를 했는데, 요즘에는 열 마디를 하고, 그것도 성에 안 차는지 저쪽 구석에 가서 혼자 중얼거린다.

'안물안궁(안 물어보고 안 궁금한 말)'도 엄청 심해졌다. 필요하지도 않은 충고나 조언을 통해 은근히 나를 통제하려고 하지를 않나, 별것 아닌 일에 관심이나 인정을 받으려고 하지를 않나. 반응을 보이지 않으면 점점 더 심해지는 것 같다. 뭔가 불안하거나 초조한 일이 있을 때는 잔소리가 더 심해지기도 한다. 한마디로 침묵이 그 어떤 말보다 존재감을 높여준다는 것을 잘 모르는 것 같다.

몇 년 전부터는 똑같은 말을 세 번쯤 반복하는 이상한 증세도 생겼다. 예를 들면 "우유가 떨어졌다"는 말을 한 번 하고 끝내는 것이 아니라 두 번 이상, 적어도 세 번쯤 반복한다. 그 말을 처음 들을 때는 '아, 우유가 떨어졌구나. 사와야겠다'라고 생각한다. 나름 중요한 정보니까. 그런데 같은 말을 두 번, 세 번 들으면 짜증이 난다. 나한테 알려주거나 지적해주고 싶은 것이 있다는 건 잘 알겠는데, 아무리 좋고 옳은 말이라도 반복하면 반감만 커진다.

그래서 어느 날 정색을 하고 말했다.

"알았으니까 제발, 딱 한 번만 말해요. 딱 한 번만!"

손가락으로 '딱 한 번'이라는 제스처까지 취해서 말하고 나서 큭 하고 웃음이 나왔다. 나도 모르게 '딱 한 번만'이라는 말을 '두 번이나' 반복한 것이다. 손짓까지 포함하면 세 번씩이나. 그래도 내 말이 먹혔는지 그때쯤부터 정말로 남편은 두 번, 세 번 말하는 횟수가 좀 줄어들었다(역시 두세 번은 말해야 먹히는 이 어쩔 수 없는 현실!).

잔소리에 관한 재미있는 글을 하나 발견했다. 심리상담전문가 지나 바인더가 〈허핑턴포스트〉에 발표한 글인데, 제목이 "잔소리가 간통보다 결혼생활에 더 치명적일까?"다. 내용인즉 잔소리는 부부 사이의 소통을 방해하고, 연결 고리를 약화하고, 그래서 부부간 신뢰가 약해지고 균열이 생긴다는 것이다. 결론적으로 잔소리가 간통보다도 더 치명적이라는 것.

남편이 이 글을 읽으면 이렇게 따질 것이다.

"나만 잔소리하나? 나도 다 배운 거라고."

그렇다. 맞다. 나도 많이 한다. 남편 말은 다 잔소리 같고, 내가 하는 말은 다 옳고 유익하고 도움이 되는 말처럼 생각하는 것도 문제라면 문제다. '내로남불'이 따로 없으니…….

아, 어쨌거나 은퇴한 남편과 24시간을 함께한다는 것은 참 힘든 일이다. 각자 자기 일이나 취미 활동에 몰두하다가 가끔 만나서 담소나 나눌 수 있다면 얼마나 좋을까. 남편은 날이 갈수록 손이 많이 가고 돌봄을 필요로 하는데, 그래서 정부로부터 남편돌봄지원서비스라도 받고 싶은 심정인데, 게다가 잔소리까지 많이 하니, 이거야 원, 어서 빨리 코로나19가 사라져서 남편과의 사회적 거리가 지켜질 수 있기만을 바랄 뿐이다.

잔소리는 부부 사이의 소통을 방해하고, 연결 고리를 약화하고,
그래서 부부간 신뢰가 약해지고 균열이 생긴다는 것이다.
결론적으로 잔소리가 간통보다도 더 치명적이라는 것.

이혼하기
좋은 때!

그렇다. 은퇴 직후는 이혼하기 '좋은 때'다.
정확히 말하면 이혼하기 딱 좋은 타이밍인 것이다.

그동안 부부 싸움을 한 횟수를 대강이라도 계산해볼까 하다가 그만 두었다. 셀 수 없을 만큼 많으니까. 그래서 한 달 전쯤의 부부 싸움도 크게 새롭거나 이상한 사건은 아니었다. 그저 일상의 한 부분이었다.

그런데 이번 싸움은 뭔가 이상했다. 전과 달리 뭔가 싸한 분위기가 감돌았고 묘하게 불길한 느낌마저 들었다. 사실 싸움의 내용만 보면 별것도 아니었고 심각도도 평소 싸움의 2분의 1 수준이었다. 걸으러 나가자는 나의 청을 거절하고 당구장에 간다는 남편이 얄미워서 "요새 운동을 너무 안 하는 것 같다. 당구치는 것도 좋지만 운동도 해야 하지 않겠나?"라고 한마디 했는데, 갑자기 버럭 화를 내면서 "당구 치는 것도 운동이다. 내 건강은 내가 알아서 지킬 테니 스트레스 주지 마라" 하고 소리를 치는 것이었다.

처음에 말을 꺼낸 내 표정도 좋지는 않았겠지만 남편이 하도 심하게 화를 내면서 소리를 지르니까 무서울 정도였다. 조금 과장해서 말하면 내가 몇 마디 더 받아치기라도 하면 폭력이라도 오갈 것 같은 험악한 분위기였다.

싸움도 싸움이지만 그다음도 문제였다. 한바탕 소리를 지르고 화를 낸 남편이 금방 나가버릴 줄 알았는데, 도대체 나가지를 않는 것이었다. 친구들이랑 만나기로 했다며 큰소리를 치던 사람이 왜 나가지 않고 저러고 있는지 알 수 없었다.

난감한 것은 잔뜩 화가 난 두 사람이 집안 양 끝에 있다보니 집안이 전쟁터처럼 느껴진다는 점이었다. 숨어서 상대를 무찌를 기회만 노리고 있는 듯한 엄청난 긴장감과 불편함이 온 집안을 감쌌다.

내가 나가버릴까 하고 잠시 망설였으나 마땅히 갈 곳이 생각나지 않았다. 처음으로 은퇴한 내 처지가 한탄스러웠다. 아, 이럴 때마다 피난처가 되어주었던 내 사무실, 내 책상이 얼마나 그립던지.

전에는 미처 느껴보지 못한 낯선 상황이었다. 훨씬 더 심각한 문제로 자주 싸울 때도 많았는데, 그때도 이렇지는 않았는데 싸움의 내용보다도 분위기가 이전과는 많이 달라졌다는 것을 실감하지 않을 수 없었다.

도대체 그사이에 뭐가 달라졌을까? 가만 생각해보니 답은 '은퇴'에 있었다. 현역일 때와 은퇴했을 때의 부부 싸움은 많이 달랐다.

먼저 은퇴하고 나면 부부 싸움을 할 기회가 많아진다. 함께 있는 시간이 많아지고, 둘이 얼굴 마주칠 시간이 절대적으로 늘어난다. 둘 다 외출하지 않는 날에는 거의 하루종일 얼굴을 마주보고 지낼 때도 있다. 각자 해야 할 일이나 약속이 있다고 해도 직장을 다닐 때와는 비교도 되지 않을 정도로 줄어들었다.

그러다보니 상대방에게 과도하게 관심을 기울이게 된다. 오늘은 왜 안 나가나, 무슨 스마트폰을 저렇게 열심히 들여다보나, 옷은 왜 갈아입지 않나, 머리는 왜 자르지 않나 등. 전에는 통 관심 없던 온갖 것에 신경이 쓰인다.

그리고 남편에게 관심을 둘수록 '아니, 저 사람이 저런 인간이었어?' '아니, 내가 그동안 저런 것도 모르고 살았단 말이야?'라는 의문이 고개를 든다. 결국 과도한 관심은 말다툼을 불러오고 그동안 겉으로 꺼내본 적은 없으나 오랫동안 잠재되어 있던 불만이나 못마땅함까지 한꺼번에 표출하게 되면서 큰 싸움으로 이어지는 것이다.

만약에 '내가 저런 인간이랑 계속 살아야 하나?'라는 근본적이고도 심각한 의문이 뇌리를 떠나지 않는다면 결국 이혼이나 졸혼으로 이어질지도 모른다.

부부 싸움의 과정이나 방법도 달라졌다. 현역일 때는 부부 싸움보다 일이 우선이었기 때문에 싸울 일이 있어도 나중으로 미루는 경우가 많았다. 화가 나서 씩씩거리다가도 당장 처리해야 할 급한 일이 있으면 "에잇, 짜증나지만 할 수 없다, 나중에 따져야지" 하는 식으로 싸움 자체를 미루었다. 혹은 치열하게 싸우다가도 출근시간이나 약속시간이 되면 대충 싸움을 마무리짓고 현관으로 뛰어가기 바빴다.

일단 집밖으로 나가서 한참 일하다보면 무엇 때문에 싸웠는지 잊

어버리거나 '사실 뭐 나도 크게 잘한 건 없으니까'라는 생각이 슬며시 고개를 들기 일쑤였다. 지금 생각해보면 현역일 때는 당장 해결해야 할 산더미 같은 서류, 목숨처럼 지켜야 하는(한다고 믿었던) 마감 기한, 그리고 직장에서 만나는 이상한 사람들과 싸우느라 바빴다. 그러다보니 부부 싸움은 항상 뒷전이었다. 부부 싸움에 필요한 시간과 에너지가 절대적으로 부족했다.

그런데 은퇴 후에는 상황이 달라졌다. 부부 싸움에 필요한 절대시간과 에너지가 충분하다. 시간도 많고 에너지도 많으니 얼마든지 싸울 수 있고 별것 아닌 일에도 싸움이 커질 수 있다.

그리고 깨달았다. 지난번에 싸울 때 느꼈던 '싸하고 불길한' 묘한 감정은 '아, 이런 식으로 싸우다보면 이혼도 하겠구나.' '이래서 은퇴 직후에 이혼을 많이 하는구나'라는 인식에 기반한 것이었다. 그렇다. 은퇴 직후는 이혼하기 '좋은 때'다. 정확히 말하면 이혼하기 딱 좋은 타이밍인 것이다.

실제로 스칸디나비아 국가를 포함한 유럽 사람들은 '이혼하기 좋은 달'이라는 표현을 많이 쓴다. 그들에게 이혼하기 좋은 달은 7월이다. 소셜 빅데이터 분석가인 송길영 다음소프트 부사장에 따르면 우리나라의 이혼 피크기간은 3월과 10월에서 11월, 즉 설과 추석 연휴를 지낸 다음 달이라고 한다. 유럽 사람들과는 다른 이유로 이혼한다는 것을 알 수 있다. 유럽 사람들이 7월에 이혼하는 이유는 한 달 이상의 긴 휴가를 부부끼리만 보내기 때문이다. 멀리 떠난 여행지에서 부부

간의 불화가 수면 위로 드러나는 것이다. 평소에는 부부 사이가 좋지 않아도 대체할 것들이 많지만 휴가중에는 이 모든 것이 불가능하다. 부부는 이제 더이상 서로 사랑하지 않는다는 것을 깨닫기도 하고 심하게 다투다가 이혼하기도 한다.

그러고 보면 우리 부부가 그동안 이혼하지 않고 살아온 비결은 바로 한국의 노동환경에 있었다. '긴 노동시간'과 '짧은 여름휴가'가 우리의 이혼을 막아준 셈이다. 문제는 은퇴를 기점으로 그들의 7월과 같은 휴가기간이 시작되었다는 점이다. 이번 휴가는 여름휴가보다 100배는 더 위험하다. 언제 끝난다는 기한도 없이 길면 수십 년이나 계속될지도 모르니까.

이 일을 어찌할까? 북유럽 사람들처럼 이혼해도 행복할 수 있는 조건과 환경을 갖추고 있다면 걱정없다. 덴마크 같은 나라에서는 이혼 절차도 매우 간단하여 이혼에 합의하면 'e-이혼' 제도를 이용하여 웹사이트에서 신청서를 작성하고 1주일에서 3주일 후에 신청서가 처리되어 이혼 판결이 내려진다. 그런 나라에서는 이혼이 최선의 선택일 리는 없겠지만 덜 불행해지는 차선의 대안이다.

그런데 우리 사회에서는 이혼에 따르는 비용이 상당히 큰 편이다. 그러다보니 이혼하려면 경제적으로나 심리적으로 훨씬 더 큰 결단이 필요하다. 특히 황혼 이혼은 노후를 송두리째 뒤흔들 수 있는 리스크가 되기 쉽다. 미래에셋은퇴연구소가 〈행복한 은퇴발전소〉 창간 특집으로 6대 광역시에 거주하는 60대 남녀 은퇴자 581명을 대상으로 한국의 60대가 겪는 리스크를 조사한 결과에 의하면 황혼 이혼 리스크가 가장 큰 타격 요인인 것으로 나타났다. 황혼 이혼은 다른 리스크에 비해 빈도수는 적지만 한 번 발생하면 경제적으로 체감하는 후유증이 가장 큰 것으로 나타났다(2위부터 5위까지의 리스크는 성인 자녀, 창업 실패, 중대 질병, 금융 사기였다).

그리하여 아직 남아 있는 현실감각을 발휘해가며 이모저모 냉정히 따져본 결과 이혼하기 좋은 이 시기를 무사히 넘겨야 한다는 결론에 이르렀다. 그리고 내친김에 이혼 위기를 넘기기 위한 몇 가지 방법도 생각해보았다.

무엇보다 남편과 적당한 거리를 유지해야 한다. 가까이 있는 시간이 많을수록 거리 두기는 필수다. 가능한 한 얼굴 마주치는 시간을 줄인다. 아니면 관심을 줄이든가. 전에는 '은퇴한 후에 부부가 함께 놀아야 하므로 미리미리 함께 노는 연습을 해야 한다'는 취지의 글도 여러 차례 썼지만 지금은 생각이 바뀌었다. 집안에서라면 몰라도 집밖에서까지 같이 놀거나 취미생활을 할 생각은 추호도 없다. 득보다 실이 많을 것이다. 남들 보기에 사이좋은 부부처럼 보일 수는 있겠으나 남 보기 좋은 것이 무슨 소용인가. 다 부질없는 일이다. 각자 따로 놀고, 다른 취미 활동을 하고, 혼자 다니는 것이 좋다. 그래야 각자 교류의 폭도 넓어지고 더 좋을 것이다.

다음으로 필요한 것은 기분 좋은 상태를 유지하는 것이다. 살수록 중요하게 느껴지는 것이 바로 이 '기분'이다. 부부 싸움을 비롯하여 모든 나쁜 일은 내 기분이 좋지 않은 데서 발생한다. 카인이 아벨을 죽인 것도 따지고 보면 기분 때문이 아닌가. 하느님이 자기 제물을 굽어보지 않았다는 나쁜 기분을 조절하지 못했기 때문에 엄청난 살인을 저지르고 만 것이다.

물론 기분 좋은 상태를 유지하기가 말처럼 쉬운 일은 아니다. 도대체 내 기분이지만 마음대로 할 수가 없으니까. 개인적으로도 그렇지만 세상 돌아가는 일, 지구의 앞날 같은 것을 생각하면 화나고 걱정되고 불안한 일이 한두 가지가 아니니까.

하지만 내 기분이 좋지 않으면 가장 가까운 사람이 더 미워지고, 네 탓을 하게 되고, 한 번 싸울 일도 두 번 싸우게 된다. 그렇다고 남의 기분까지 내가 조절할 수는 없는 일. 내 기분이라도 내가 조절하려고 노력해야 한다.

최근에 『어른의 의무』라는 책에서 흥미로운 내용을 발견했다. 일본 지바현의 해녀들이 바다에 들어가기 전에 나쁜 기분을 좋은 기분으로 바꾸려고 노력하는 이야기였다. 바다는 위험한 세계이기 때문에 마음속에 응어리진 답답한 감정이 있으면 집중하지 못하게 되고 잘못하면 치명적인 사고로 이어진다. 그래서 해녀들은 바다에 들어가기 전에 불가에 둘러앉아 고민거리를 이야기하고 마음속에 있는 부정적인 감정을 모두 꺼내놓으면서 나쁜 기분을 좋은 기분으로 바꾼다는 것이다.

생각해보면 결혼생활도 '위험한' 바다와 같다. 은퇴 직후에는 더욱

더 그렇다. 그러므로 이혼 위기를 넘기려면 해녀들처럼 매일 아침 나쁜 기분을 없애고 좋은 기분을 갖고 결혼이라는 바다에 뛰어들어야 한다. 가능한 한 좋은 기분으로 상대방을 대하고, 적당히 예의도 차리고, 때로는 상대방의 눈치도 살피는 약간의 '비겁함'도 갖추면서.

이건 뭐 직장 다닐 때의 인간관계보다도 몇 배는 더 힘든 것 같다. 역시 결혼생활을 유지한다는 것은 쉬운 일이 아니다. 위험하고 아슬아슬한 일이다. 은퇴 직후라면 더더욱.

자식이
노후 리스크?

경제력이 있는데도 계속해서 부모에게 얹혀살면서
부모에게 경제적 부담을 지우는 (30대) 자녀를
'패러사이트 싱글'이라고 부르는데,
이런 기생충 자녀들이 5060세대 부모에게
엄청난 경제적 리스크 요인이 되고 있는 것이다.

지난주에 지인 A씨가 의논하고 싶은 일이 있다며 만남을 청해왔다.

"은퇴하고 시골에 집 짓고 사는 게 오래전부터 꿈이었어요. 그런데 집사람은 말도 꺼내지 못하게 하네요. 처음엔 시골에서 일하기 싫어서 그런 줄 알았죠. 그래서 당신은 오지 않아도 된다, 나만 혼자 일주일에 사나흘만 지내고 오겠다고 설득했어요. 그런데 알고 보니 그런 문제가 아니었어요."

그럼 무슨 문제였느냐는 나의 물음에 A씨가 대답했다.

"돈문제였어요. 아니 자식 때문이라고 해야 하나?"

"아, 네……."

"집사람은 내가 돈 쓰는 걸 싫어해요. 자식한테 줄 돈이니 허투루 쓰지 말라는 거죠. 내가 번 돈이고 자식한테도 할 만큼은 했는데, 왜 그러는지 정말 이해가 되지 않습니다. 평생 힘들여서 번 돈 내 맘대로 쓰지도 못합니까? 전에 쓰신 책에도 나오던데, 그동안 저도 돈 버는 기계처럼 살았거든요. 이제 나도 내가 원하는 삶을 살아보고 싶다는데, 그게 그렇게 반대할 일인가요?"

A씨의 언성이 점점 더 높아졌다.

"전에도 말씀드렸지만 제 인생철학이 다 쓰고 죽는 거예요. 평생 죽어라 일만 하며 고생하다가 돈 한 푼 못 쓰고 돌아가신 아버지를 보면서 결심했죠. 전 생전에 돈 잘 쓰고 죽은 사람이라는 소리를 듣고 싶어요. 그동안 저 열심히 살았습니다. 이젠 내가 하고 싶은 거 하면서 살고 싶어요."

"그렇군요. 그런데 아내분은 왜 그렇게까지 자식들에게 돈을 주고 싶어하실까요?"

"저도 그게 의문이에요. 알 만한 사람이 왜 그러는지. 나보다 자식들을 더 좋아하는 건 잘 알겠는데, 제 친구들만 봐도 요즘엔 부모들이 자식하고 적당히 거리를 두려고 하던데, 집사람은 도대체 자기 삶이 없는 사람 같아요."

"아, 자기 삶이 없어서 그런다고 생각하시나요?"

"네, 그렇지요. 더 큰 문제는 집사람이 그렇게 자식들만 싸고도니까 자식들도 다 버릇없어지고 있다는 거예요. 노상 돈이 부족하다, 돈 꿔 달라 그러는데, 처음에는 정말 돈이 없는 줄 알고 매달 얼마씩의 원금을 갚는 조건으로 채무이행서까지 받고 돈을 빌려줬죠. 그런데 두 달쯤 돈을 보내더니 아무 소식이 없는 거예요. 왜 돈 안 보내느냐고 했더니 '아니, 왜 그렇게 돈을 밝히세요? 연금도 받으시잖아요?'라고 하는 거예요. 내가 화를 냈더니 '그럼 그 돈은 미리 상속한 걸로 치세요'라고 큰소리를 칩디다."

언젠가 법륜 스님이 당신은 결혼도 한 적 없고 자식도 없는데 왜 자기한테 자꾸 결혼생활 같은 것을 물어보는지 모르겠다는 요지의 말을 하는 이야기를 듣고 웃은 적이 있다. 나도 비슷하다. 지인들이 "부럽다. 무자식이 상팔자"라면서 자식문제를 의논해올 때마다 사실 뭐라고 답해야 할지 조심스럽다. 하지만 제삼자 입장에서 객관적으로 볼 때 부모가 '협박'을 넘어 '학대'당하고 있다는 생각이 들 때가 많다. 예전에는 학대가 주로 빈곤층에서 부모를 부양하지 않고 방임하는 것이었다면 최근에는 모든 계층에서 일어나고 있다는 것이 나의 판단이다.

코로나19 때문에 마음에도 없는 명예퇴직을 해야 했던 지인 B씨는 '은퇴크레바스(퇴직 후 연금을 받기 시작하는 시점까지의 소득 공백기간)' 기간 동안 쓸 생활비를 마련할 겸 주택연금을 신청하려고 했는데, "요새 집 장만하기가 하늘의 별따기인데, 난 집도 없이 어떻게 살란 말이야?"라고 대드는 외동딸 때문에 어이가 없었다며 눈물까지 글썽였다. 딸의 말을 듣는 순간 헷갈렸다고 한다. 이 집이 누구 집이었지? 그동안 내가 딸 집에 얹혀살고 있었나?

미래에셋은퇴연구소는 '성인 자녀'가 5060세대의 노후를 위협하는 리스크 요인이라는 연구 결과를 발표했다. 2016년 11월 6대 광역시 지역의 60대 남녀 은퇴자 581명을 대상으로 조사한 결과, 노후의 삶을 위협하는 첫번째 리스크는 황혼 이혼이었고("이혼하기 좋은 때!" 참조) 두번째 리스크는 바로 '성인 자녀'인 것으로 나타났다.

앞의 조사에서 60대 응답자의 절반 이상이 은퇴 후에도 계속해서 성인 자녀를 부양 또는 지원하고 있다고 응답했고 성인 자녀와 동거하는 은퇴자 부모 중 63퍼센트가 여전히 자녀의 생활비를 부담하고 있었다. 성인이 되어 경제력이 있는데도 계속해서 부모에게 얹혀살면서 부모에게 경제적 부담을 지우는 (30대) 자녀를 '패러사이트 싱글'이라고 부르는데, 이런 기생충 자녀들이 5060세대 부모에게 엄청난 경제적 리스크 요인이 되고 있는 것이다.

물론 돈을 둘러싼 갈등이 모두 자녀 탓만은 아니다. 노인복지관에서 만난 B 어르신은 정부에서 주는 기초연금의 수급권을 얻기 위해 자신이 갖고 있던 저축을 모두 현금으로 찾아서 딸에게 맡겼다가 한 푼도 돌려받지 못한 딱한 경우였다. B 어르신은 돈도 돈이지만 믿었던 딸에 대한 배신감, 얕은 꾀를 부리다가 돈도 잃고 딸도 잃은 자기 자신에 대한 자괴감으로 엄청 괴로워했고 우울 증세마저 보였다. 어르신을 돕기 위해 딸에게 연락했으나 "남의 집 일에 간섭 말라"는 대답만 돌아올 뿐. 참 안타까운 경우였다.

육아문제로 인한 갈등도 심각하다. 얼마 전에 지인 C씨가 느닷없이 "남편 죽을 때 따라 죽고 싶다"고 하소연했다. 이제 갓 예순 살을 넘긴 사람이 무슨 그런 말을? 게다가 남편 죽을 때 따라 죽고 싶다는 말이 '미망인'이라는 단어만큼이나 시대착오적이어서 웃음이 났다. 그래서 분위기도 바꿀 겸 농담처럼 말했다.

"아이고, 남편과 사이가 엄청 좋은가봐요."

그러나 C씨는 웃지도 않고 말했다. 사실은 남편과도 졸혼하고 싶었다고. 그래서 졸혼 후의 삶을 혼자 준비해왔다고. 그런데 왜? 딸 집에 가서 손주를 봐주는 일이 너무 힘에 부칠 뿐 아니라 매사에 자기 생각만 하는 딸 때문에 오만 정이 떨어졌다는 것이다. 그래서 우울하고 세상 살맛이 나지 않는다는 것이다. 그가 말했다.

"자기 몸은 지나칠 정도로 아끼면서 내 몸은 몸도 아닌 줄 알아요. 어쩌다가 아프다는 말 한마디만 해도 표정이 싹 바뀌면서 누구네 친정엄마는 힘들어도 정신력으로 잘 버틴다더라, 엄마도 정신력 좀 키우라며 면박을 줘요. 한번은 내가 너무 힘들어서 아이들을 못 봐주겠다고 했더니 그러게 왜 공부 열심히 하라고 했느냐, 엄마가 공부 잘해서 좋은 직장에 다니라고 하지 않았느냐고 따지는데, 정말 할말이 없어서…… 요즘처럼 날씨 좋은 날엔 새장에 갇힌 새 같은 내 처지가 안쓰러워서 자꾸 눈물이 나요."

물론 과도기라고 생각한다. 앞으로는 부모 자식 관계도 달라질 것이라고 믿는다. 먼저 부모들의 생각이 확실히 변하고 있다. 2019년 10월 〈공무원연금〉이 은퇴공무원의 라이프스타일을 알아보기 위해 은퇴한 공무원 1729명을 대상으로 한 조사 결과는 흥미로웠다. 현재 나에게 가장 소중한 것이 무엇인지 세 가지를 고르라는 질문에 54퍼센트가 '나 자신', 30퍼센트가 '연금', 14퍼센트가 '배우자'라고 응답했다. '자녀'를 선택한 응답자는 단 네 명(0.2퍼센트)뿐이었다.

"현재 최대 관심사이자 앞으로 가장 걱정되는 것은 무엇인가?"라는 질문에 대해서도 31퍼센트가 '건강', 17퍼센트가 '경제', 15퍼센트가 '시간 활용'이라고 응답했다. 가족이나 자녀에 관한 걱정은 많지 않았다. "가장 친한 사람이 누구인가?"라는 질문에는 41퍼센트가 '딸', 27퍼센트가 '배우자', 27퍼센트가 '동호회 회원'이라고 응답했다.

이와 같은 조사 결과를 보고 은퇴자들의 의식이 달라지고 있다는 것을 실감했다. 내가 인터뷰했던 베이비붐 세대 은퇴자들과도 많이 달랐다. 자녀에 대한 생각도 변하고 있다. 자녀는 이제 더이상 가장 소중한 대상이 아니다(자녀보다는 배우자가 낫다). 친한 대상과 소중한 것을 확실히 구분한 점도 흥미롭다. 딸과 가장 친하지만 가장 소중한 것은 나, 그리고 연금이라는 것.

이쯤 되면 뭘 모르는 쪽은 자녀들이 아닐까 싶다. 요즘 부모들이 무슨 생각을 하는지 알지 못하고 관심도 없고 '자식 이기는 부모 없다'는 식의 호랑이 담배 피우던 시절의 이야기를 믿고 있는 것은 아닌지, 뭔가 큰 착각에 빠져 있는 것은 아닌지 묻고 싶다.

문제는 부모들이 자신의 달라진 생각을 적극적으로 알려야 하는데, 그렇지 못하다는 점이다. 생각만 달라지면 뭐 하나? 자신의 생각을 말하고 목소리도 높여야 한다. 요즘 젊은이들은 다양한 경로를 통해 자신의 이야기를 쏟아낸다. 어른들 앞에서는 '좋아요'라며 이모티콘 같은 표정을 짓다가도 SNS에서 할말 다하고 거침없이 (시)부모 흉을 보고 욕하는 젊은이들이 수두룩하다. 그들이 내는 목소리 덕분에 사회도, 문화도 바뀌고 있다. 나도 '꼰대'가 되지 않으려고 '나 때는 말이야'라는 말을 하지 않으려고 노력하는 중이니까.

반면 부모 세대는 도통 말이 없다. 말이 없어도 너무 없다. 집안에서도 크게 다르지 않은 것 같다. 묻고 싶다. 자식들 흉을 보았자 누워서 침 뱉기라고 생각하며 쓰라린 마음을 홀로 삭이고 있는 것은 아닌지, 자식과 잘 지내고 싶다는 '관계의 미덕'을 지키느라 자신의 삶과 욕망을 포기하고 있는 것은 아닌지, 자식 잘 키운 성공적인 부모라는 남들의 찬사가 자신의 숨통을 조일 수도 있다는 사실을 인식하고 있는지.

그렇다고 갑자기 연을 끊거나 함께 살고 있는 성인 자녀를 강제로 독립시키란 이야기는 아니다. 자녀로 인한 리스크 요인을 최대한 줄이는 전략을 구사해야 한다는 말을 하고 싶을 뿐이다. 자녀를 도와주더라도 내 생활에 지장이 없을 정도로만 도와주고 같이 사는 자녀에게 적은 금액이라도 생활비를 내게 유도해야 한다. 손주 육아 등의 도움을 줄 경우에도 나의 신체적·정신적 건강을 해치지 않을 선에서 멈추어야 한다.

그러고 보면 부모 자식 간에도 적절한 경계가 필요하다. 내가 원하지 않는 것을 끊임없이 요구하는 자녀에게 경계의 문턱에 보초를 세우고 스스로 자신을 지켜야 한다. 내가 나를 지키지 않으면 누가 지켜주겠는가. 자녀들의 꿈도 중요하지만 부모에게도 꿈이 있고 버킷리스트가 있다는 것을 차근차근 알려주고 설득해야 한다.

자녀를 돕기보다는 자신의 삶을 살고 싶어하는 부모들을 지지하고 응원한다.

4부

누구랑
어울릴까?

그립거나,
짜증나거나

끊임없이 안테나를 세우고 타인을 평가하려는 사람들,
나한테 너무 많은 것을 바라는 사람들,
진이 빠지도록 '진심'을 요구하는 사람들을 보면
자꾸 피하게 된다.

이 나이에도 여전히 사랑은 자신이 없다. 내가 좋아하는 매력적인 상대는 나를 좋아하지 않고 아무 관심도 없는 상대가 나를 좋아한다. 내가 좋아하지 않는 사람에게는 태연하고 쿨할 수 있지만 내가 좋아하는 상대에게는 나의 강점을 보일 기회를 번번이 놓치고 만다. 정신을 차려보면 사랑은 오페라 〈카르멘〉에 나오는 '자유로운 새'가 되어 저 멀리 날아가버렸다. 나의 깊은 마음도 모르는 채.

사랑은 자유로운 새, 잡으려 해도 소용없어
무슨 수를 써도 안 될걸, 사랑은 자유로운 집시
내 마음에 들면 날 싫어해도 사랑하지
그러나 사랑한다고 안심하지 말아요
잡았다고 느낀 순간 새는 날아가버리고
놓쳤다 생각해도 다시 날아오거든

사랑은 자유로운 새, 잡으면 도망가고
외면하면 다가오는 사랑은 떠돌이 집시
바람처럼 자유로워 믿을 수가 없는 것
사랑은 떠돌이 집시 바람처럼 자유로워 믿을 수 없는 것

인간관계도 마찬가지다. 사랑처럼 잡으려 해도 놓치는 경우가 많았다. 친구나 선후배는 물론이고 학생들을 대할 때도 그랬다. 내 딴에는 상처받지 않게 하기 위해 열 번, 스무 번도 더 생각하고 한마디 했을 뿐인데 뭐가 섭섭했는지, 어떤 말이 상처로 남았는지 나만 보면 슬슬 피하고 멀어지는 모습을 볼 때마다 마음이 아팠다. 그렇다고 항상 무심한 태도를 유지하고 무심한 말만 할 수도 없지 않은가.

기왕이면 착한 사람들과 어울리고 싶었다. 아마 내가 착하지 않기 때문인지도 모른다. 착한 사람들을 만나면 나도 모르게 조금은 착해지는 느낌이었다. 치사한 사람을 만나면 말초신경까지 치사해지는 것과 마찬가지 이유다. 그래서 가능하면 치사한 사람은 덜 만나고 착한 사람을 자주 만나려고 노력했다. 그런데 인간관계가 참 어려운 것이 그것조차 마음대로 되지 않았다.

잘 지내고 싶었고 또 잘 지내야 하는 사이임에도 나에 대해 사사건건 비판적인 사람도 있었다. 여럿이 모인 자리에서 과거에 있었던 일을 이야기하다가 "그때 내가 왜 그랬는지 모르겠다. 후회스럽다"라는 이야기를 한 적이 있었는데, 대부분이 "그러냐? 하긴 그렇겠다"라고

하거나 "지금이라도 그걸 알았으니 다행이네"라는 표정으로 고개를 끄덕일 때도 꼭 나의 아픈 데를 꼬집어서 지적하는 동료가 있었다. 그가 한 말은 얼마 지나지 않아 다른 누군가의 입을 통해 내 귀에 들어왔다.

"그거 다 위선이야. 잘난 척하긴. 그동안 한 짓을 내가 다 아는데……."

그런 말을 들을 때마다 '헉, 내가 위선적인 걸 어떻게 알았지?' 싶으면서도 솔직히 섭섭했다. 그리고 억울했다.

나 자신도 정확히 알지 못하는 내 마음에 대해 어떻게 그렇게 단정적으로 말할 수 있을까? 나는 반성도 할 수 없다는 것인가?

그런 사람들 덕분에 겸손해지고 말 한마디라도 조심하게 된 것은 다행스러운 일일지도 모른다. 하지만 솔직히 피곤했다. 그런 사람은 만나지 않는 것이 가장 좋다. 하지만 그것이 어디 내 마음대로 되는 일인가. 운명이라면 그저 얼굴이라도 자주 마주치지 않기를 바랄 뿐이다. 언제인가 딱 한 번 정색을 하고 나에 대해 왜 그렇게 사사건건 부정적인지 물은 적이 있었다.

그는 아무렇지도 않은 표정으로 대답했다.

"아니면 그만이지 뭘 그렇게 신경을 써? 난 매사에 솔직한 성격이라 거짓말을 못 해서……."

그후에도 틈만 나면 정말 솔직하게 생각나는 대로 자기 기분에 따라 할말, 못 할말 다하는 사람들을 몇 명 더 만났다. 어떤 솔직한 사람은 상대방의 면전에서 이런 말까지 했다.

"당신을 이렇게 싫어하는데, 겉으로만 좋은 척하는 건 내 양심에 꺼리는 일이라서 말이야."

이런 사람들은 솔직함이 자신의 최대 강점이자 미덕이라는 듯이 당당했다. 하지만 남을 배려하지 못하는 자기중심적인 솔직함 때문에 누군가는 엄청난 상처를 입고 피해를 본다는 생각은 하지 못하는 듯했다. 게다가 이런 사람일수록 정작 자기 이야기를 할 때는 솔직하지 않았다. 자기한테 불리한 말은 절대 하지 않는다. 나중에 지나가는 말처럼 그때 왜 그 말을 하지 않았느냐고 물어보면 가슴에 손까지 얹으며 여리디여린 소녀 같은 말투로 이런 식으로 말했다.

"너무 가슴이 아파서. 난 가슴이 아플 때는 말이 안 나와서."

자기 일에는 그렇게 가슴이 잘 아픈 사람이 남의 일에는 왜 그리도 야박한지 이해하기 힘들었다.

그래서 끊임없이 안테나를 세우고 타인을 평가하려는 사람들, 나한테 너무 많은 것을 바라는 사람들, 진이 빠지도록 '진심'을 요구하는 사람들을 보면 자꾸 피하게 된다. 겉과 속이 항상 같아야 한다고 말하는 사람들, 나 자신도 모르는 나의 진짜 속마음을 100퍼센트 알고 싶어하는 사람들이 피곤했다. 위선이나 이중성보다 더 부담스러운 것은 지나친 솔직함, 지나치게 앞뒤가 같은 언사, 지나치게 직설적인 사람들이다.

이런 일이 몇 번 반복되다보니 나한테도 굳은살 같은 것이 생겼다.

억지로 누군가의 마음을 얻으려고 하거나 욕먹지 않기 위해 애쓰는 일은 그만두게 되었다. '미움'의 에너지를 소모하는 사람에게 구태여 '날 좋게 봐주세요. 제발 절 좋아해주세요'라고 '사랑'을 구걸하지 않기로 했다. 그래, 누군가 나를 싫어하는 데는 다 이유가 있겠지, 나도 누군가에게는 재수 없는 인간이겠지 하고 생각하기로 했다.

내가 싫어서 떠나가는 사람은 떠나가는 대로 그냥 내버려두기로 했다. 애정뿐 아니라 우정에도 유효기간이 있나보다 하고 쿨하게 넘어가려고 노력했다. 가끔 정신을 차려보면 다가오는 사람보다 떠나가는 사람이 더 많다는 생각도 들었지만 그 또한 어찌할 수 없는 일이라고 여겼다.

하지만 아쉬움까지 사라진 것은 아니었다. 더욱이 코로나19 때문에 친구들도 마음껏 만나지 못하는 상황이 되고 보니 더 그랬다. 사회적으로도 될 수 있으면 사람을 만나지 않는 것이 좋다고, 홀로 고독을 견딜 수 있어야 한다고 부추기다보니 오히려 더 사람들이 그리웠다. 나의 진심도 몰라주고 멀어진 사람들, 이런저런 이유로 떠나가거나 자연스럽게 멀어진 사람들이 새삼 그리워졌다.

그러던 차에 우연히 〈우리들〉이라는 독립영화를 보게 되었다. 그리고 영화 속에 나오는 꼬마 '윤'의 한마디를 듣고 뭔가 한 방 맞은 느낌이었다. 2016년에 개봉한 윤가은 감독의 독립영화 〈우리들〉은 초등학교 4학년인 두 친구 '선'과 '지아'가 가까워졌다가 멀어지는 과정과 그 과정에서 생기는 사랑, 미움, 질투, 배신 등의 감정을 다루고 있다. 어린 친구들 간에도 아프고 냉정한 인간관계가 있음을 잘 보여주는 영화다. 윤가은 감독은 제작 노트에서 이 영화가 자전적 경험에서 출발했다고 밝힌 바 있다. "아주 오래도록 마음에 품고 있었던 이야기"였다고.

이 영화에 나오는 어린 꼬마 '윤'은 주인공 '선'의 동생이다. 윤이 친구와 싸웠다는 말끝에 친구가 때린 이야기를 하자 선이 소리친다.

"그럼 너도 때려야지! 왜 맞고만 다녀!"

윤이 대답한다.

"계속 때리기만 해? 그럼 언제 놀아? 친구가 때리고, 나도 때리고, 나도 때리고 친구가 또 때리고…… 난 그냥 놀고 싶은데!"

그렇다. 싸우면서도 그냥 놀면 된다. 싸우는 것보다 더 중요한 것은 노는 것이다. 꼬마 윤의 말을 듣고 싸우는 데 너무 많은 에너지를 허비하는 나, 그래서 놀지 못하는 나, 싸우느라 정작 중요한 것을 나누지 못하는 나에 대해 많이 반성했다. 싸우면서도 만나야 했구나. 그래야 화해도 할 수 있는 거구나 하고 뒤늦게 후회했다.

그래서 요즘 내가 실천하려고 노력하는 방법이 있다. 누군가가 마음에 들지 않을 때, 그래서 내가 당신을 미워한다는 것을 알리고 싶을 때, 화를 폭발하고 싶을 때 그를 미워하는 이유 다섯 가지를 꼽아본다. 놀라운 것은 대부분의 경우 다섯 가지 이유를 다 대기가 쉽지 않다는 점이다. 보통 한두 가지로 끝나기 마련인데, 그 한두 가지 이유도 '그냥 싫어. 내가 혐오하는 타입이야' '흥, 그쪽에서도 날 좋아하지 않잖아!'와 같은 엄청 유치한 것들이다.

내가 생각해도 민망하다. 때로는 그를 미워하는 것이 내 문제라는 깨달음이 올 때도 있다. 내가 요즘 좀 우울하구나. 기분이 좋지 않구나. 그래서 내 문제를 그에게 투사하고 있구나. 이쯤 되면 화는커녕 상대방에게 용서라도 빌어야 할 판이다.

다행인 것은 몇 년 전까지만 해도 미워하는 사람이 다섯 명도 넘었는데, 요즘에는 딱 두 명뿐이라는 점이다. 세 명이 되지 않도록 노력중이다. 나이가 들수록 사랑에도, 미움에도 적당한 선이 필요하다. 특히 미움에는 '멈춰!'라는 이름의 브레이크가 꼭 필요하다.

때로는 친구들 눈치를 보며 하얀 거짓말도 하고 비위도 맞추면서 대해야겠다. 아, 난 역시 위선적인 데가 있는 사람인가보다. 그래도 할 수 없는 일이다. 같이 놀고 싶으니까.

이런 친구는 사절!

구체적인 사례나 대안도 없이
똑같은 소리를 매번 반복하는 친구,
매사에 불평불만이 가득하고
걸핏하면 화를 내는 친구 말이다.

낯가리고 사교적이지 못한 나 같은 사람에게도 친구가 꽤 여럿 있는 편이다. 10년, 20년 이상 꾸준히 만남을 이어오는 친구는 물론 40년 이상, 아니 50년 가까이 만나고 있는 친구도 있다. 여기서 친구란 동년배만을 의미하는 것이 아니다. 내가 친구라고 생각하는 사람 중에는 선배나 후배도 많다. 최근에 가장 자주 정기적으로 만나는 친구도 나보다 젊은 후배들이다. 그들도 나를 친구로 생각하는지는 알 수 없으나 나는 그냥 친구라고 생각한다.

친구는 소중하다. 은퇴해보니 더욱 그렇다. 은퇴한 다음날부터 눈 녹듯이 사라져버리고 마는 공적 관계망과는 달리 친구와의 우정은 세월이 쌓이고 만남의 기간이 길어질수록 더 소중하게 느껴진다. 주변의 유명한 어른들을 볼 때도 그런 생각을 많이 한다. 남들이 모두 부러워할 만한 조건을 두루 갖추었는데도 마음을 털어놓을 친구가 없어서 친구한테나 해야 할 말을 아무한테나 해서 분위기를 싸하게 만드는 어른들을 볼 때마다 친구가 얼마나 소중한 존재인지에 대해 실감한다.

나이든 후에 행복하려면 돈보다도 친구 같은 '무형자산'에 더 많이 투자해야 한다는 『100세 인생』의 저자 린다 그래튼 교수의 말이 역시 옳구나 싶다.

그래서 관심과 흥미가 비슷한 친구를 두루두루 사귀면서 세월과 함께 우정이 저절로 익어가기를 기대했다.

그런데 엊그제 30년 이상 만나온 친구와 오랜만에 만난 자리에서 '갑자기' 깨달았다. 세월이 쌓이고 만남의 기간이 길어진다고 해서 우정이 저절로 익어가는 것이 아님을. 오랜 세월 만나온 친구라고 해서 모든 것을 마냥 받아줄 수만은 없다는 것을. 여전히 잘 만나고 있지만 아무튼 그날은 유난히 마음이 격해져서 이제 더이상 이 친구는 만나고 싶지 않다는 생각까지 할 정도였다.

갑자기 왜 이렇게까지 되었을까? 곰곰이 생각해보았다. 그 이유는 친구가 30년이 넘는 오랜 세월 동안 너무나 변하지 않았기 때문이다. 친구는 지나치게 한결같았다. 전에는 변하지 않는 사람, 변하지 않는 관계, 변하지 않는 사랑이 무조건 좋은 줄 알았다. 예순이 넘어서도 20대나 30대 때 하던 고민과 걱정거리를 안고 사는 사람이 한결같고 순수한 사람인 줄 알았다.

그런데 아니었다. 친구는 '한결같음'의 정도가 지나쳤다. 아무리 나이가 들고 세월이 변해도 친구의 걱정거리는 변하지 않았고 똑같은 내용에 대해 변치 않는 태도로 자신의 고통을 하소연했다.

주제는 딱 한 가지, '돈을 둘러싼 가족 간의 갈등'이었다.

30년의 세월이 흐르는 동안 등장인물과 이야기의 디테일은 조금씩 바뀌었지만 큰 주제는 한 번도 변하지 않았다. 아니 상황이 점점 더 나빠지고 있다고 말할 수도 있었다. 30년 전, 아니 몇 년 전까지만 해도 다른 고민거리, 어떻게 사는 게 좋을까라는 거창한 이야기, 책이나 영화 이야기도 했던 기억이 있는데, 언제부터인가 그런 이야기는 사라져버렸다. 그동안 나는 친구의 걱정과 고통이 하루빨리 해결되어 끝나기만을 바라며 친구 이야기에 귀를 기울이려 노력하고 이 말 저 말 나름 대안을 제시하기도 했다.

그런데 그날 갑자기 깨달았다. 결국 세월이 가도 변한 것은 하나도 없다는 것을. 똑같은 이야기를 끝없이 반복하는 친구와 그것을 들어주려고 애쓰는 나. 30년 전이나 20년 전, 10년 전과 엊그제가 똑같았다. 우리는 같은 자세로 앉아 똑같은 내용이 끝나지 않는 고통스러운 대화를 마냥 이어가고 있었다. 고장난 레코드처럼, 정지된 화면처럼, 멈추지 않는 분홍신처럼.

'갑자기' 중요한 사실을 깨달아버린 내 마음을 미처 눈치채지 못한 친구가 여느 때와 같은 표정으로 물었다.

"넌 이해하지? 내가 이렇게밖에 살 수 없었다는 걸."

사실 이전에도 수없이 들었던 질문이었다. "그래, 이해는 하지만…… 그래도……"라는 식으로 조심스럽게 내 의견을 말한 적도 열

번은 넘었을 것이다. 하지만 이제 더이상은 '지겹다'라는 내면의 목소리를 무시하고 싶지 않았다. 그래서 한껏 정색을 하고 대답했다.

"아니, 이해하지 못하겠는데?"

뭔가 달라진 분위기에 어색한 표정을 짓는 친구에게 난 한 마디 한 마디 힘주며 말했다.

"처음 10년, 20년은 그래, 그럴 수 있었어. 하지만 수십 년을 그렇게 사는 건 또다른 문제야. 난 이제 더이상 이해하지 못할 것 같아."

친구는 더했겠지만 말하는 나도 씁쓸했다. 왜 진작 이런 말을 하지 않았을까? 진작 이렇게 분명하게, 냉정하고 매몰차게 말해주었다면 친구의 삶이 조금 달라졌을까? 아니 적어도 우리 대화의 주제가 조금 달라졌을까?

기왕 말이 나온 김에 하는 말이지만 만나고 싶지 않은 친구가 몇 명 더 있다. 말끝마다 "한국사회는 이래서 문제야, 저래서 문제야. 우리나라 사람들은 정말 이상해"라고 하면서 구체적인 사례나 대안도 없이 똑같은 소리를 매번 반복하는 친구, 매사에 불평불만이 가득하고 걸핏하면 화를 내는 친구 말이다.

이런 친구를 만나면 '내가 뭘 잘못했나?' '저 친구 오늘은 기분이 괜찮은가?' 하고 괜히 눈치를 보게 된다. 젊었을 때는 까칠하고 시니컬한 것도 매력적으로 보였는데, 나이가 드니 꼰대처럼 느껴져서 거리감도 생기고 무엇보다 재미도 없고 만나기가 꺼려진다.

생각해보라. 이 나이에 친구 눈치 보고 친구한테 야단맞으며 벌설

일 있나? 그러잖아도 '앵그리 올드'가 차고 넘치는 세상에서 '앵그리 친구'까지 만나고 싶겠는가?

지나치게 자랑을 많이 하는 친구도 역겹다. '이번에 내가 이런 일을 해냈다, 뭘 만들었다'며 자신이 한 일을 자랑하는 것은 얼마든지 들어줄 수 있다. 부럽기도 하고 자극도 된다. 격하게 응원해주고 싶다. 문제는 눈치도 없이 돈 자랑, 자식 자랑을 무한 반복하는 친구들이다. 토할 것같이 역겨웠던 적이 한두 번이 아니다.

친구야, 그런 자랑보다는 "이번에 요리 레시피를 하나 개발했는데 정말 맛있다, 이번 주말에 집으로 초대할 테니 꼭 와라"라는 이런 자랑 좀 해주면 안 되겠니?

새삼 깨달았다. 친구를 사귀는 것만큼 중요한 것이 스스로 좋은 친구가 되려고 노력해야 한다는 것이다. 누군가와 오래 우정을 나누려면 이런 질문을 던져야 한다.

"혹시 우리가 10년 전과 똑같은 이야기를 나누고 있는 건 아닌가?"

"혹시 내가 10년 전과 똑같은 하소연을 하면서 친구를 지루하게 하고 있지는 않은가?"

'그렇다'라는 생각이 조금이라도 든다면 심각하게 자기 인생을 점검해보아야 한다. 인생을 바꾸거나 생각을 바꾸거나 아니면 태도라도 바꾸거나. 만날 때마다 반짝거리는 에너지와 자극을 주고 용기와 힘을 북돋워주는 그런 친구는 되지 못할지언정 대화의 주제만이라도 최소한 10년에 한 번씩은 바꾸어주는 그런 친구가 되어야겠다.

친구를 사귀는 것만큼 중요한 것이
스스로 좋은 친구가 되려고 노력해야 한다는 것이다.

환승역에서는
친구를 사귀지 않는다?

환승역에서는 친구를 사귀지 않는다,
또는 친구를 사귈 수 없다는 말은 사실이 아니다.
환승역에서 만난 사람이라 하더라도
서로에게 깊은 관심과 배려심을 갖고 있다면
정말 좋은 '베프'가 될 수 있다.

비록 타의에 의한 사회적 거리 두기였지만 모두 나쁜 것만은 아니었다. 이 기회를 통해 내가 가진 사회관계망의 성격과 친밀도에 대해 다시 한번 생각해볼 수 있었으니까.

같은 동네에 사는 지인 A씨와 동네 카페에서 만나 이야기를 나누는데, 그가 불쑥 말했다.

"코로나19 이전으로 돌아가야 한다고들 하는데, 난 사회적 거리를 두는 지금이 좋던데요."

내가 물었다.

"그래도 너무 답답하지 않아요? 우울해지기도 하고……."

"아뇨. 오랜만에 아무도 안 만나니까 좋더라고요. 꼴 보기 싫은 사람들 안 만나서 좋고, 무엇보다 가족 모임이 없으니까 살 것 같아요. 마음에서 우러나오지도 않으면서 화목한 가족인 척 가식 떠는 거 정말 싫었거든요."

"아……."

"전 그동안 너무 순진하게 모범생으로 살았어요. 가족이 항상 힘을 주는 존재라 생각하고 '나 하나 참고 희생하지' 이런 심정으로 살았거든요. 그런데 이젠 가족이라는 이유로 아무 말이나 막 하고 예의를 지키지 않는 사람들 보는 거 정말 싫고 지겨워요."

그의 가족에 대해 아는 바는 없었지만 왠지 그가 말하는 가족과의 관계는 이해하고도 남음직했다. 사실 주위를 둘러보면 가족이라는 이유만으로 무례해도 된다는 듯이 제멋대로 행동하는 사람들이 생각보다 많다. 자식 때문에 죽을 만큼 고통스러워하는 부모도 많지만 반대로 부모 때문에 힘들어하는 자녀도 많다.

전에 '가족복지'라는 과목을 가르치면서 제자들의 리포트를 볼 때마다 혼자 씩씩거리고 화를 낸 적이 얼마나 많았는지 모른다. 왜 가족 앞에는 무조건 좋은 수식어만 붙는지 모르겠다. 고귀한 사랑이라는 둥 가족을 위해서라면 개인은 희생되어도 좋다는 둥 어떤 경우에도 가족을 지켜야 한다는 둥 이상적인 가족에 대한 환상이 왜 그리도 많은지 모르겠다.

지나치게 자기중심적인 아버지 때문에 고민하는 제자가 있었는데, 보다 못한 내가 한마디 한 적이 있다.

"이제부터라도 부모님과는 거리를 두는 게 낫겠어. 다른 지역에 취업 자리를 알아보든가, 아무튼 네 길을 찾아야 할 것 같은데?"

제자는 눈을 동그랗게 뜨고 무슨 그런 말을 하느냐는 표정으로 반문했다.

"어떻게 그럴 수 있어요? 아버지인데…… 가족인데……."

이런 사람들이 의외로 많다. 자신의 가족을 이상향에 끼워맞추려고 애쓰는 사람들 말이다. 사랑도 각양각색이어서 하루빨리 결별해야 하는 사랑이 있다는 것을 인정하지 않는 사람들이 너무나 많다. 그러다보니 겉으로는 멀쩡하고 행복해 보이는 가족인데도 정작 개인들은 지치고 퇴보하는 것이 아닐까 싶다. 나를 포함하여 수많은 가족관계를 살펴본 나의 결론은 가족과 멋있고 품위 있는 관계를 이어가기란 정말 어렵다는 것이다.

세상은 빠르게 변하는데, 가족에 관한 생각에는 여전히 유교적·서정주의적·도구주의적·개인주의적 가치관이 마구 뒤섞여 있어 가닥을 잡지 못하고 혼란에 빠져 있다는 생각도 한다. 제발 가족 때문에 너무 피곤하지 않았으면 좋겠다. 가족 사랑이라는 명목으로 개개인이 너무 많이 희생하거나 불행해지지 않았으면 좋겠다.

어쨌든 나도 이번 기회에 주변 사람들과의 '거리'에 대해 좀더 생각해볼 수 있었다. 저절로 그렇게 되었다. 만나지 않으면 큰일날 것 같은 사람, 만나지 않아도 아무렇지 않은 사람, 그렇게까지 생각하지 않았는데 의외로 자꾸 생각나고 만나고 싶은 사람도 있었다. 코로나19가 아무리 무서워도 어떤 사람은 꼭 만나야 하는지, 어떤 사람과의 사회적 거리는 멀수록 좋은지, 어떤 사람과는 물리적 거리가 절실히 필요한지, 특히 은퇴자로서 앞으로 어떤 사람들과 어떤 만남을 가지며 살고 싶은지, 누구와 점심을 먹고 싶은지 등에 대해 생각해보았다.

그런데 신기했던 것은 사회적 거리 두기가 권유되는 이 시점에서 내가 가장 만나고 싶은 사람이 전 직장 동료들이었다는 점이다. 며칠 전에 전 직장 동료 다섯 명이 공유하는 단톡방에 동료들의 사진과 글이 올라왔다. 은퇴하기 전 몇 년간 거의 매주 빠지지 않고 정기적으로 모임을 가졌던 동료들이 오랜만에 모였다고 하면서 사진과 함께 오늘 같은 날 모처럼 같이 만났으면 좋았을 텐데, 이렇게 멋진 곳에 오니까 더 생각난다, 내 이야기를 나누었다는 등의 글을 한가득 올린 것이다.

그들의 사진과 글을 보니 당장 뛰어가서 만나고 싶었다. 울컥 눈물이 날 정도였다. 전공도 다르고, 나이도 다르고, 성별도 달라서 이렇다 할 공통점도 없는, '현' 직장 동료도 아니고 '전' 직장 동료들인데 말이다. 다섯 명이 몇 년간 정기적으로 만나 책도 읽고 이야기도 나누던 그때 그 시간이 그리웠다.

의외였다. 요즘 같은 때, 나의 인맥을 통틀어 가장 만나고 싶은 사람이 전 직장 동료들이라니. 굳이 분류한다면 그들은 '공적 관계망'에 속하는 사람들이 아닌가. 흔히 서로 물고 물리는 관계라고 말하는 그런 관계망 속의 사람들. 또는 직장이라는 '환승역'에서 만난 사람들인 셈이다.

직장 동료들과는 가능하면 속마음을 나누려 하지 않았고 그저 예의를 지키면서 적절한 사회적 거리를 두며 만났다. 그들로부터 사랑받을 것을 크게 기대하지도 않았다. 서로 친구라고 생각하지도 않았고 친구 사이가 될 확률도 매우 희박한 사이였다.

그런데 요즘처럼 외롭고 힘들 때 그들이 보낸 카톡 내용에 이렇게 큰 위로를 받다니, 이렇게 눈물날 정도로 그리워지다니 신기한 일이었다.

이제 와 가만히 돌이켜보니 사실 직장 다닐 때도 마찬가지였다. 힘든 일이 있을 때마다 또는 좋은 일이 있을 때마다 나에게 가장 큰 위로와 사랑, 응원을 보낸 이들은 직장 동료였다. 가족이나 친구로부터도 받지 못한 것을 그들로부터 받을 때가 많았다. 필요할 때는 어깨를 두드려주기도 했고 위로와 격려의 말도 해주었다.

전에 은퇴자 연구를 할 때 전 직장 동료나 부하 직원을 그리워하는 은퇴자를 여럿 만났다. 특히 남자들이 그랬다. 옛 동료들이 연락도 하지 않는다고 섭섭해하면서 사는 것이 재미없다고 말하는 은퇴남들이 꽤 있었다. 현역 때는 직장에서 "너희 이런 책 봤어?" 하고 으스대는 맛에 책도 많이 읽었는데, 요즘에는 으스댈 사람이 없으니 책 읽는 것도 시들하다고 말하던 사람도 있었다.

그때는 이해가 되지 않았다. 아니 안타까웠다. 설사 직장에서 한때 즐거운 시간을 보냈다고 해도 직장은 직장일 뿐인데, 왜 하루빨리 다른 놀이 친구를 찾지 않을까 의아했다. 하지만 지금은 알 것 같다. 친했던 직장 동료를 만나고 싶은 이유는 그들이 현재의 나, 아니 최근의 나를 가장 잘 알고 있는 사람들이기 때문이다. 그들은 내가 무슨 생각을 하는지, 뭘 좋아하는지, 하고 싶은 것이 무엇인지에 대한 최

25
10
5
LOCAL CALL
LONG DISTANCE
CROSLEY

LOCAL CALL
10¢
LONG DISTANCE
CROSLEY

신 정보를 갖고 있으며 현재의 나를 잘 이해하고 믿어주는 사람들이기 때문이다. 게다가 어떤 목표를 향해 힘을 합쳐 뭔가를 만들고 이루었던 소중한 경험도 공유하고 있다. 그러면서도 동료로서의 기본적인 예의와 배려심을 지키고 적당한 텐션도 유지하는 관계이기 때문이다.

반면 가족·친척·친구 등 그동안 내가 가장 가깝고 중요하게 여기던, 이른바 '친밀관계망' 안의 사람들이 오히려 나(최근의 나)를 잘 알지 못하는 경우가 많다. 아주 오래전부터 알던 사람이 가장 나를 모르고, 그래서 서운할 때가 가끔 있다. 그들은 내가 요즘 무슨 생각을 하면서 어떻게 하루를 보내는지 관심이 없거나 세심히 살피지 않는다. 무슨 이야기를 해도 "으응, 으응, 그래" 정도의 반응을 보이며 건성으로 대할 때도 많다.

그러면서 걸핏하면 즐겁지도 않은 과거 이야기나 나의 약점을 들추어내고 "넌 옛날부터 그랬어"라는 식으로 말한다. 게다가 나를 잘 안다고 착각한다. 한 이야기 또 하면서 무한 반복한다.

한마디로 나를 대하는 태도에 깊이가 없다. 사정이 그러하다보니 어쩌다 통화를 해도 각자 자기 이야기만 실컷 하거나 피상적인 말만 하다가 끊는 경우가 많다. 물론 나의 근황에 대해 자세히 설명하지 않은 나한테도 책임은 있겠지만 어쨌든 씁쓸한 것은 사실이다. 제아무리 가족이라도, 오랜 친구라도 나를 잘 알지 못하는 사람들, 알려고도 하지 않는 사람들, 건성으로 대하는 사람들과는 진정한 우정을 나눌 수 없다.

반면 환승역에서는 친구를 사귀지 않는다, 또는 친구를 사귈 수 없다는 말은 사실이 아니다. 환승역에서 만난 사람이라 하더라도 서로에게 깊은 관심과 배려심을 갖고 있다면 정말 좋은 '베프'가 될 수 있다.

지적질이 필요해!

그때 그들이 무심히 건넨
바른말 한마디가 없었다면
지금보다도 훨씬 더 볼품없는 인간으로
남았을 것이 분명하다.

얼마 전 작은 사업체를 운영하며 여전히 잘나가는 친구 Y가 은퇴한 친구 몇 명을 초대했다. 맛있는 점심을 먹고 이야기꽃을 피우는 중에 Y가 직원들 때문에 힘들다면서 '인사관리'의 어려움을 호소했다. 할 일은 많은데 모른 척하고 칼퇴하는 직원들 때문에 스트레스가 심한 것 같았다. 친구들은 "그래, 얼마나 힘들겠니?" "요즘 젊은 사람들은 우리 때랑 또 다르잖니" "너 힘든 거 다 이해해" 하면서 친구 편을 들어주었다.

하지만 그날따라 Y의 하소연은 끝이 나지 않았다. 처음에는 분위기가 좋았다. 친구들은 돌아가면서 좋은 말을 한마디씩 했다.

"Y, 그래도 넌 참 대단하다. 요즘처럼 어려운 때 회사를 유지하는 것만도 어디니? 요즘 분위기라면 나도 정년을 못 채웠을 거야."

"그래, 요즘 젊은 애들 다 그래. 이해하기 힘들어. 그러니까 『90년생이 온다』 같은 책이 그렇게 많이 팔렸겠지. 너무 속상해하지 말고 그러려니 해."

"그래, Y야. 너무 스트레스 받지 말고 네 건강이나 챙겨. 그러다 병 나겠다."

아, Y가 이쯤에서 멈추었다면 얼마나 좋았을까? 그런데 그날따라 Y는 이상할 정도로 직원들 흉을 많이 보았다. 사업체 운영에 따르는 스트레스를 직원들에 대한 분노로 쏟아내는 것 같았다. 나중에는 누구는 집이 가난하고, 누구는 지저분하고, 누구는 못생기고 우울해서 싫고……. 직원들 한 명 한 명의 성격과 사생활까지 들추며 비난을 늘어놓는데 듣기 민망했다.

친구 중 한 명이 먼저 가야 한다고 했을 때 모두 같이 일어나려고 했지만(그랬어야 했다) Y가 섭섭한 표정을 지으며 좀더 있자고 하는 바람에 친구들은 가지도 못하고 벌받는 자세로 앉아 있었다. 아이고, 이래서 공짜 점심은 없는 거구나 하고 모두 후회하는 눈치였다.

결국 분위기가 엉뚱한 쪽으로 흐르고 말았다. 바른말을 하고 싶은 것을 억지로 참으며 '할많하않(할말은 많으나 하지 않겠다)'을 지키려던 친구들이 참지 못하고 한마디씩 입을 열었던 것이다.

"어? Y야. 그건 인권 침해 아냐?"

"너 지금 갑질하고 있는 거야. 요즘이 어떤 세상인데, 그러면 안 되는 거 아니니?"

그리고 B가 결정적으로 Y의 심기를 건드리는 말을 했다.

"Y, 듣자 듣자 하니 너무하는구나. 그런 식으로 따지면 누가 네 밑에서 일하겠니? 우리 딸이 너 같은 사장 만날까봐 걱정된다 얘."

갑자기 쏟아지는 지적질에 놀란 Y는 그제야 입을 다물었다. 하지만 "너희는 도대체 누구 편이야? 친구라고 믿고 한 말인데, 어떻게 그런 심한 말을……(이하 생략)"이라면서 노골적으로 불쾌감을 드러냈다. 이날의 만남은 이렇게 씁쓸한 뒷맛을 남기며 끝이 나고 말았다.

Y의 입장도 이해는 갔다. 고용주 입장인 Y로서는 더 할말이 많을 것이다. 많은 돈을 투자하고 고생한 대가가 겨우 이것인가, 이러려고 회사를 차렸나 하고 억울한 생각도 들 것이다.

하지만 친구란 "축하한다. 모든 것이 너의 노력 덕분이야"라는 식의 달콤한 말만 해주는 사람이 아니다. 사실 잘나갈 때는 그렇게 말해주는 사람이 주변에 많아진다. 여기저기서 연락이 오고 갑자기 잡지를 보라거나 보험을 들라는 사람도 많아지고 생전 들어본 적 없던 칭찬과 존경의 말을 쏟아내는 사람도 나타난다.

하지만 돌이켜보면 잘나갈 때, 어려운 일을 할 때 정말 필요한 사람은 잘나가는 내가 실수하지 않도록, 거만해지지 않도록 신경써주고 필요하면 쓴소리도 하고 지적질도 해주는 가족, 친구, 선후배, 지인, 동료였다. 어떤 일에 흥분하여 열을 올리거나 거품을 물고 누군가를 비판할 때 친구나 지인이 무심코 던지는 한마디에 퍼뜩 정신을 차린 적이 한두 번이 아니었다.

"야, 너, 이상해. 별거 아닌 일에 왜 그래?"

"어, 그건 아닌데? 오버하는 거 아냐?"

무심한 듯이 던지는 한마디에 갑자기 정신이 들곤 했다.

'그렇지. 별거 아닌 일이지. 그런데 내가 왜 이렇게 흥분하는 거지? 너무 피곤한가? 스트레스 때문인가? 그 몹쓸 피해의식이 또다시 도진 건가?'

물론 그들의 입바른 소리가 섭섭한 적도 많았다. 솔직히 무조건 내 편을 들어주었으면 하고 바란 적이 더 많았다. 삐치거나 화를 내기도 했다. 하지만 지금 생각해보면 얼마나 다행이었는지. 그때 그들이 무심히 건넨 바른말 한마디가 없었다면 나는 쓸데없이 흥분하고, 열을 올리고, 어쩌면 해서는 안 될 말을 하고, 그래서 문제가 커지는 악순환을 반복했을 테고, 결국 지금보다도 훨씬 더 볼품없는 인간으로 남았을 것이 분명하다.

직장에서도 마찬가지였다. 나도 은퇴하기 전에는 각종 업적 평가 점수 때문에 스트레스를 많이 받았다. 어떤 직장이나 마찬가지지만 대학도 점점 성과를 중요시하는 분위기로 바뀌는 과정이어서 서류 작업이 늘어나고 서열화를 부추기고 경쟁이 심화되는 등의 갑작스러운 변화에 적응하기가 쉽지 않았다. 강의 평가 결과도 스트레스의 원인이었다. 몇 년 전부터는 학생들의 강의 평가에 대한 관심이 점점 높아지더니 급기야 평가 점수가 5점 만점에 4점이 안 되는 과목은 교육공학을 전공한 교수로부터 컨설팅을 받아야 하는 시스템도 생겼다.

어느 해인가 나도 컨설팅 대상 교수로 뽑히는 바람에 젊은 신임 교수(하필이면 대학 후배)로부터 컨설팅을 받아야 했다. 후배 교수를 만나러 갈 때의 어색하고 민망했던 감정이 지금도 생생하다.

하지만 결과적으로 그 컨설팅은 정말 좋았다. 간단한 조사지(교수자의 인간관 및 교육 방법 및 태도에 관한 조사였던 것으로 기억한다)를 작성해보고 교수법에 관한 이런저런 이야기를 허심탄회하게 나눈 것만으로도 기대 이상의 도움을 받았다. 교육자로서뿐 아니라 한 인간으로서 내가 다른 사람을 대하는 태도, 관계를 맺거나 소통하는 방식 등에 관해서도 성찰하는 계기가 되었으니까.

인간은 참 변덕스럽다. 불과 몇 달 전만 해도 이젠 더이상 업적 평가나 강의 평가를 받지 않아도 된다는 점 때문에 얼마나 행복했는데, 그리스인 조르바처럼 자유로운 막춤이라도 추고 싶은 심정이었는데. 그런데 은퇴한 지 얼마나 되었다고 이번에는 지적질을 받던 때가 그리워지니 말이다.

내가 실수하거나 시행착오를 했을 때 "어머, 또 저러네. 역시 나이는 못 속이나봐"라며 뒤돌아서 흉볼 사람은 많아도 내 앞에서 "그건 아니다. 그건 당신이 잘못 생각하는 거야"라고 단도직입으로 말해주는 사람은 점점 줄어들고 있다.

반면에 주변을 둘러보면 나라도 지적질 좀 해야 하는 것이 아닐까라는 사명감을 느끼게 하는 사람이 꽤 있다. 자신만의 성에 갇혀 왜곡된 눈으로 세상을 보고 자기 식으로 생각하고 행동하는 사람, 다른 꼰대를 비웃지만 자기 자신도 꼰대인 줄 알지 못하는 사람, 자신의 존재 자체가 어떤 사람한테는 부담이 될 수 있다는 것을 꿈에도 생각하지 못하는 사람, 남한테는 지적질을 잘도 하지만 정작 자기 자신은 지적질을 받을 기회조차 없어서 점점 이상해지는 사람, 언제부터인가 지적질을 해주던 사람이 슬슬 사라져간다는 것을 느끼지 못하는 사람(쓰다보니 내 이야기를 하는 것 같은 이 느낌, 뭐지?).

어쨌든 그런 사람이 되지 않으려면 '여러분의 지적질을 환영합니다!'라고 광고라도 해야 할 것 같다. 그래서인가? 생전 처음 해보는 PT 동작에 "회원님! 그런 잘못된 동작은 절!대! 하면 안 됩니다. 그렇게 하면 안 돼요" "회원님! 포기하지 마세요! 버티세요. 버티세요"라고 트레이너가 소리칠 때 처음에는 창피하고 민망하고 자존심 상해서 운동이고 건강이고 다 그만두려고 했는데, 가끔 눈물나게 고마울 때가 있다. 이 나이에 누가 나를 이렇게 야단쳐줄까 싶어서다.

혼자서도
잘 노는 편입니다만

결국 인간은 혼자 살 수 없다.
'따로 또 같이'가 필요하다.
관계 속에서 질식할 것 같다가도 인간을 그리워하고
관계 속에서 힘을 받는다.

언젠가 상당한 부자로 알려져 있는 지인과 이야기를 나누던 중에 그가 친구가 없어서 외롭고, 그래서 행복하지 못하다는 하소연 아닌 하소연을 했다. 처음에는 이해가 되지 않았다. 아니 돈이 많은데 왜 친구가 없어? 돈이 많은데 뭘 못 해? 매일 점심도 살 수 있고, 돈문제로 힘들어하는 친구들에게 도움을 줄 수도 있고, 그러다보면 우정도 돈독해지고 저절로 행복해지지 않을까?

이런 의문에 해답을 제시하는 논문을 발견했다. 보스와 미드, 구드가 2006년에 〈사이언스〉에 발표한 논문 「돈의 심리학적 영향력」인데, 아홉 개의 실험을 통해 돈이 인간 행동에 미치는 영향을 설명했다. 이 논문의 결론을 한마디로 말하면 돈은 행복감에 마이너스 영향을 준다는 것. 돈은 개인주의를 부추기고 '자기충족감'을 가져다주며 공동체적 동기를 감소시키기 때문이다. 그래서 돈이 많은 사람에게는 친구가 많지 않고 인간관계를 통해서만 얻을 수 있는 행복감이 제한될 수밖에 없다는 것이다.

그렇지만 의문이 든다. '자기충족감'이 나쁘다는 것인가? 물론 아니다. 자기충족감 자체는 매우 좋은 것이다. 하지만 자기충족감이 지나치게 높으면 남에게 도움을 청하거나 남에게 의존하는 일이 줄어든다. 돈도 마찬가지. 돈이 많은 사람은 자기가 소중하게 추구하는 물건이나 서비스를 돈으로 다 살 수 있다고 생각하기 때문에 그만큼 친구나 가족에 대한 기대가 적은 편이고, 그러다보니 자연스럽게 사람들과 거리를 두면서 혼자 놀고, 혼자 일하는 것을 좋아하고, 지인들과도 거리를 두는 경향이 있다는 것이다. 한마디로 '나는 너 없어도 잘살 수 있어'라는 심정이 되는 것이다.

실제로 나도 몇 년 전만 하더라도 친구들과 이런 대화를 자주 나누었다.

"지금은 '1인 가구'가 대세고, 혼자서도 잘살 수 있는 능력이 필요한 시대 아냐?"

"그건 그렇지."

"이런 세상에서는 '너 없인 살 수 없어'라며 징징대는 것보다는 '너 없어도 살 수 있어'라고 말할 수 있는 사람이 되어야 해. 그래서 친구보다는 돈이나 연금이 중요한 거지."

"그래도 그렇게 살면 너무 외롭지 않을까?"

"물론 조금 외로울 때도 있겠지만, 인생이 원래 외로운 거지 뭐. 모든 걸 갖출 수는 없잖아?"

그러나 조금 더 살아보니 '너 없어도 살 수 있다'는 말이 엄청 위험한 말임을 깨달았다. 이 세상에 너 없이 살 수 있는 사람은 없다. 친구 없이 행복하게 살 수 있는 사람도 없다. 기쁨을 나눌 친구 하나 없다면 돈과 성공이 무슨 의미일까?

사실 나도 혼자서 잘 노는 편에 속한다. 나이들수록 혼자서도 즐겁게 잘 놀 수 있어야 한다고 생각하고 그런 글도 여러 번 썼다. 같이 걸을 친구가 없다고 해서 내가 좋아하는 걷기 자체를 포기할 수는 없다고 생각하는 사람이다. 누군가에게 기대야만 따뜻한 겨울을 보낼 수 있는 것은 아니지 않나. 나이들수록 마음도 잘 맞고 시간도 잘 맞고 체력도 비슷한 친구를 만나기는 쉽지 않으므로 혼자서도 즐겁게 몰두할 수 있는 놀이가 필요하다고 주장했던 것이다.

또한 평소에 독립적이고 평등한 개인이 되어야만 진정한 사랑과 우정을 나눌 수 있다고 생각한다. 그래서 나는 현금은 물론 가능하면 감정에도 빚을 지지 않으려고 노력하며 살아왔다. 힘든 일이 있을 때도 웬만하면 남에게 도와달라고 부탁하지 않으며 내 문제를 혼자서 끌어안고 묵묵히 고통을 견디는 그런 유형의 사람이다.

어쩌면 그래서 코로나19로 인한 '사회적 거리 두기'라는 사회 분위기에도 크게 힘들지 않게 잘 적응할 수 있었다. 솔직히 불필요한 외출을 하지 않으니 좋은 점도 있었다. 하지만 이렇게 혼자서도 잘 노는 나도 며칠 동안 아무도 만나지 않고 집에만 있다보면 갑자기 머릿속이 하얘지는 느낌이 들 때가 있다. 3일만 지나도 그렇다. 글도 써지지 않고 책도 읽을 수 없는 것이 아무것도 손에 잡히지 않는다. 내가 외로운가? 아니면 지나치게 자유로운 건가? 혼란스러운 순간이다.

이때 참 신기한 경험을 하기도 한다. 누군가를 만났을 때 하얘졌던 머릿속에 다시 불이 켜지는 경험이다. 대단히 중요한 대화를 나누거나 굉장한 이야기를 하지 않아도 좋다. 그냥 누구랑 만나 밥을 같이 먹거나 커피를 한잔하면서 그렇고 그런 이야기, 해도 좋고 하지 않아도 좋은 이야기를 하다보면 어느새 멈추었던 머릿속 태엽이 다시 돌아가고 내가 살아 있음을 확인한다.

이런 순간마다 새삼 깨닫는다. 아, 나는 사람이 그립구나. 사람들과 연결되고 싶어하는구나. 결국 인간은 혼자 살 수 없다. '따로 또 같이'가 필요하다. 관계 속에서 질식할 것 같다가도 인간을 그리워하고 관계 속에서 힘을 받는다. 나 또한 늘 누군가를 만나 뭔가를 나누며 살아야 하는 존재임을 새삼 실감한다.

『나는 걷는다』로 유명한 베르나르 올리비에의 『떠나든 머물든』에 나오는 이야기도 그랬다. 『나는 걷는다』는 저자가 예순두 살에 1만 2000킬로미터에 이르는 실크로드를 걸어서 여행한 기록을 담은 책으로 읽고 나면 당장이라도 나가서 걷고 싶은 마음이 들 정도로 강한 에너지가 느껴진다. 그래서 나는 작가 베르나르 올리비에가 원래 에너지가 넘치는 사람일 것이라고 막연히 짐작했다.

그런데 『떠나든 머물든』이라는 책을 통해 뜻밖의 사실을 알게 되었다. 예순이 되기 전 올리비에는 30년간의 기자생활을 정리하기 직전에 심각할 정도로 우울함에 빠졌고 모든 것을 끝내버리자는 극단적인 생각까지 한 적이 있었다고 한다. 우울함의 원인은 아내와 어머니의 죽음, 직장에서의 해고 등이었다.

그런데 이 세상에서 사라질 날짜까지 잡고 죽음을 준비하던 그에게 어느 날 먼 곳에 살고 있던 조카에게서 전화가 걸려왔다.

"삼촌, 저랑 마르크랑 마갈리, 다 같이 삼촌 댁에서 연말을 보내고 싶은데, 우리 재워주실 수 있어요?"

어찌 보면 아무렇지도 않은 전화 한 통이 그의 삶을 바꾸어놓았다. 올리비에는 조카 전화를 받은 후의 심정을 이렇게 썼다.

"전화를 끊고 나자 어둠은 한층 물러나 있었다. 난 아직도 무언가에 쓸모가 있었다. 내가 누군가를 위해 존재한다는 증거이기도 했다. 난 폐허처럼 엉망이 된 아파트의 가련한 꼬락서니를 돌아보았다. 이런 창고에서 그 아이들을 맞는다는 건 상상도 할 수 없었다. 밤을 새워가며 흙더미를 치우고, 벽을 새로 바르고, 도배하고, 장판을 깔았다. 크리스마스가 되자, 내 작은 숙소는 제법 보여줄 만한 상태가 되었고, 자살 충동도 사라져버렸다."

그는 2년이 지난 후에야 지나가는 농담처럼 조카에게 고백했다고 한다. 조카의 전화 한 통이 본의 아니게 자신을 삶에 붙들어두었노라고.

세계적인 베스트셀러이자 영화로도 개봉된 프레드릭 배크만의 『오베라는 남자』에도 비슷한 이야기가 나온다. 40년 동안 한집에서 살고 한 치도 틀리지 않는 똑같은 일과를 보내며 30년 이상 한 직장에서 일한 쉰아홉 살의 남자 오베. 그는 "이제 좀 쉴 때도 되지 않았냐"는 젊은 관리자의 말 한마디를 끝으로 직장에서 쫓겨난다. 반년 전에 아내와도 사별한 터. 이제 더이상 살 이유가 없다고 생각한 그는 세상에서 가장 튼튼한 고리를 천장에 박고 자살하려고 결심한다.

하지만 그의 자살 시도는 번번이 실패하고 만다. 시도 때도 없이 사람을 귀찮게 하는 이웃들 때문이다. 오베의 건너편 집에 그가 딱 싫어하는 타입의 인간들이 이사를 왔는데, 그들은 오베가 자살을 기도할 때마다 기가 막힌 타이밍에 찾아와 자살을 방해한다. 수시로 찾아와 자질구레한 일상의 도움을 요청하기도 한다. 아무리 물리치고 거절해도 포기하지 않고 도움을 청하는 이웃 때문에 그는 죽으려야 죽을 수가 없다. 그뿐인가. 철도에 뛰어내리려는 순간에는 또 하필이면 다른 청년이 먼저 뛰어내리는 바람에 그 청년을 구해내야 하는 상황에 처하고 만다.

고지식한 투덜맨 오베는 결국 자살하려던 계획을 포기한다. 그러고는 끊임없이 투덜대면서도 자신보다 약자인 이웃을 도와주는 역할에 몰두하게 된다.

이참에 나도 결심했다. 제아무리 코로나19로 인한 '언택트'가 대세라지만 그러면 그럴수록 누군가를 만나고 폐도 끼쳐야겠다고. 친구들이나 이웃들에게 뜬금없는 전화도 하고 부탁도 해야겠다고. '남에게 폐 끼치지 않는다'는 어설픈 신조도 이참에 바꾸어야겠다고. 도움을 주기도 하지만 도움을 청하기도 하는 그런 사람이 되어야겠다고 결심했다. 혹시 아는가. 우리가 서로 끼치는 그 '폐'가 나를 포함하여 누군가에게 살아야 할 이유가 될 수 있을지.

5부

내 나이를 사랑한다는 것

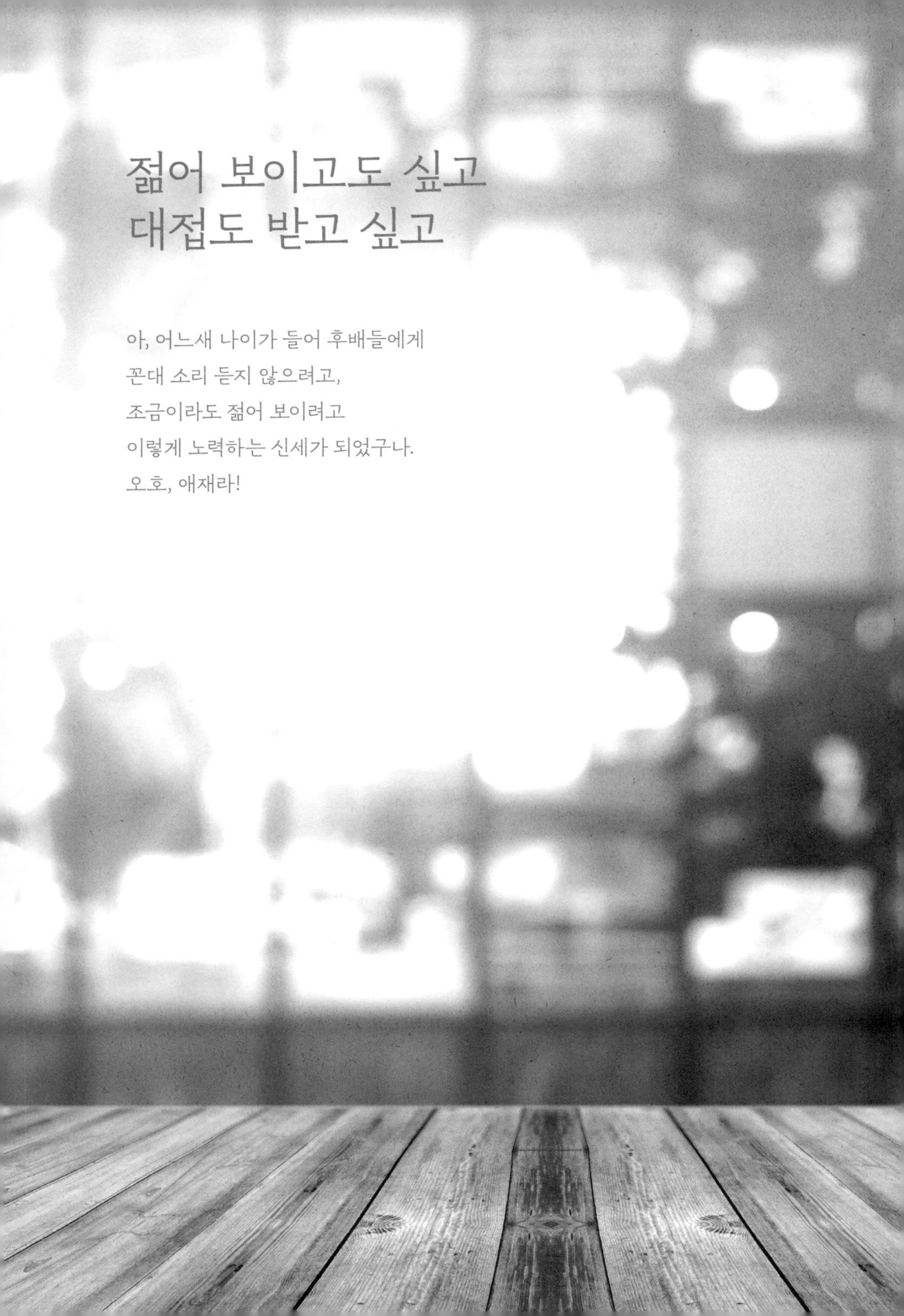

젊어 보이고도 싶고
대접도 받고 싶고

아, 어느새 나이가 들어 후배들에게
꼰대 소리 듣지 않으려고,
조금이라도 젊어 보이려고
이렇게 노력하는 신세가 되었구나.
오호, 애재라!

은퇴 직전에 지난 몇 년간 스터디 모임을 함께했던, 나보다 열 살도 더 아래인 40대와 50대 후배 두 명과 함께 1박 2일 나들이를 다녀왔다. 그동안 우리끼리 모아둔 돈도 조금 있어서 좋은 호텔에 머물면서 수영도 하고 미술관에도 다녀오는 여유로운 일정이었는데, 어쩌다보니 나이가 많아도 한참 많은 내가 일정도 짜고 호텔도 예약하고 미술관 안내도 맡게 되었다.

그들이 즐거워하는 모습을 보니 나도 즐거웠다. 문제는 그렇게 편하고 즐겁고 일정도 짧은 여행이었는데도 집에 돌아온 후에 얼마나 피곤한지 몸살이 날 지경이었다. 저질 체력 때문인가? 나이 때문인가? 그들이 쌩쌩할 때도 나는 힘들었다. 그들은 더 즐거워하고, 더 잘 웃고, 더 잘 버텼다. 하지만 나는 그러지 못했다. 아니 그럴 수가 없었다.

그토록 힘든 데는 뭔가 더 중요한 이유가 있었다. 가만 생각해보니 열 살 이상 차이나는 직장 후배들과 하루종일 시간 보내기가 생각보다 쉽지 않았던 것이다. 평소에 일할 때는 적절한 거리를 두며 나이스하고 스마트하게 대하면 그만이었지만 이번처럼 사적인 자리에서는 어떻게 처신해야 좋을지 헷갈렸다. 사실 직장 후배는 말이 후배지 학교에서 만난 후배와는 성격이 다르다. 특히 수평적 관계를 기본으로 하는 교수사회에서 그들은 후배라기보다 '젊은 직장 동료'일 뿐이다.

사정이 이러하다보니 여러 가지로 신경이 쓰였다. 무엇보다 '꼰대'가 되지 않기 위해 나름대로 엄청 노력했다. 그런데 꼰대처럼 굴지 않으려고 신경쓰고 노력하다보면 어느새 나도 모르게 은근히 화가 났다. '어쨌든 선배(직장이든 인생이든)'로서 마땅히 받아야 할 대접을 받지 못하는 느낌이 들었기 때문이다.

말하자면 이런 것들이다. 한참 나이 많은 내가 자꾸 움직여야 할 때, 음료나 소스 같은 것을 알아서 척척 대령하지 않을 때, '뭐 할말 있으면 다 해봐. 어려워 말고'라는 표정을 짓는 나에게 진짜로 할말 다 할 때, 인터넷 찾아가며 애써서 고른 점심 메뉴에 대해 '맛이 별로'라는 표정을 지으며 수저를 내려놓을 때, 날씨가 더워서 힘들고 피곤하다며 노골적으로 얼굴을 찌푸릴 때, 감사하다, 수고하셨다는 말을 한두 번만 하고 더 많이(!), 더 자주(!) 하지 않을 때…….

집에 돌아와서 남편에게 하소연했다.

"내가 자기들 또래인 줄 아나봐. 참, 기가 막혀!"

그런데 남편이 기다렸다는 듯이 정색을 하고 대꾸했다.

"그렇게 젊은 척하더니 왜 그래? 젊어 보이고도 싶고 대접도 받고 싶은 모양이지?"

남편이 너무 얄미웠다. 하지만 한마디라도 덧붙일라치면 더 날카로운 말이 날아와서 나의 여린 마음을 꿰뚫어버릴 것 같았다. 이럴 때는 입을 다무는 것이 최선이었다.

젊은 척, 멋있는 척 해보았자 내 몸만 고달팠다. 그랬다. 내가 힘들었던 것은 진짜 내 모습을 감추고 뭔가 가진 것처럼, 뭔가 많이 아는 것처럼, 세련된 것처럼, 그리고 무엇보다 젊은 것처럼 보이려고 온갖 안간힘을 다 썼기 때문이다. 그런데 그런 노력이 얼마나 헛되고도 피곤한지……. 아무리 젊은 척해도 나이는 속일 수 없다는 것을 뼛속 깊이 깨달았다.

아, 옛날에 선배들 따라다니며 헤헤거리던 그때가 얼마나 좋은 때였나? 선배들 힘든 속사정은 아랑곳하지 않고 쏙쏙 받아먹기만 하던 그때가 언제였나? 아, 어느새 나이가 들어 후배들에게 꼰대 소리 듣지 않으려고, 조금이라도 젊어 보이려고 이렇게 노력하는 신세가 되었구나. 오호, 애재라!

그런데 얼마 전에 다행히도 처음의 실수를 만회할 수 있는 또 한번의 기회가 찾아왔다. 전에 함께 여행했던 그 멤버 중 한 명이 부산에 일도 있고 해서 세 명이 2박 3일간 부산 나들이를 할 기회가 생긴 것이다.

나는 굳게 마음먹었다.

'내가 지난번과 똑같은 실수를 반복하나봐라!'

무엇보다 이제는 나도 책임감이나 부담감은 모두 내려놓고 그냥 즐기고 싶었다. 그래서 처음부터 발을 뺐다. 혹시 가고 싶은 데나 맛집이 있으면 각자 찾아서 오고, 하루종일 셋이 같이 시간을 보낼 필요도 없으니까 각자의 시간을 보내다가 저녁에 만나는 것도 좋겠다고 제안했다.

결과는 성공적이었다. 마침 각자 별도의 계획도 있었던 터라 모든 일정을 셋이 함께 움직이지 않고 그때그때 만났다 헤어졌다 하면서 편하게 지냈다. 그들은 이번에도 "이렇게 바다가 내려다보이는 방은 처음이에요"라면서 감탄사를 연발하고 잘 웃고 즐거워했다. 나도 모처럼 자유로움과 해방감을 만끽했다. 그들이 분위기에 취해 비싼 식당에서 음식을 조금 과하게 많이 시킬 때 말리고 싶었지만 가만히 있었다. 모처럼의 나들이니 그럴 수도 있지, 뭐.

하지만 이번에도 역시 나이는 속일 수 없었다. 잠자리가 바뀌면 잠을 잘 자지 못하는 증세가 나이들수록 더 심해진다. 잠을 설치고 나니 몸이 많이 힘들어서 둘째 날 하루종일 해롱거렸다. 셋째 날 아침 두 사람 중 한 명과 아침을 먹으며 이런저런 이야기를 나누던 중에 그가 말했다.

"평소에 체력이 굉장히 좋으신 줄 알았는데, 이번에 보니 그렇지도 않으시네요? 밤에 잠도 잘 못 주무시고…… 보기보다 예민하신가봐요?"

그가 말할 때마다 나는 고개를 끄덕였다. 그렇다. 체력이 별로다. 그동안 직장에서 그렇게 보이지 않으려고 엄청 노력했다. 그래, 예민한 것 맞다. 성격도 까칠하다. 나는 모든 질문에 진실만을 말할 태세가 되어 있었다. 어느 정도였나 하면 정말 치명적인 나의 비밀이나 과거의 잘못, 공소시효가 지난 범법 행위에 대한 질문을 받았다 하더라도 모든 것을 순순히 자백했을 것이다.

두 번의 짧은 여행을 통해 깨달았다. 후배들이랑 놀러 다니면서 젊어 보이려고 노력하는 것도 나름 재미있다는 것을. 활기도 생겼다. 어떻게 하면 좋은 선배가 될 수 있을까 고민하게 되는 것도 좋은 일이다. 하지만 그들과 자주 만나 놀러 다니려면, 아니 젊은 사람들 모임에 구석 자리라도 잡으려면 그냥 나답게 행동해야 한다. 있는 그대로의 나를 보여주어야 한다. 젊은 척, 멋있는 척, 체력 좋은 척, 성격 좋은 척 해보았자 내 몸만 고달프다.

그러니 젊어 보이고도 싶고 대접도 받고 싶은 이 마음을 잘 다스려야 한다.

젊은 사람들 모임에 구석 자리라도 잡으려면
그냥 나답게 행동해야 한다.
있는 그대로의 나를 보여주어야 한다.
젊은 척, 멋있는 척, 체력 좋은 척, 성격 좋은 척 해보았자
내 몸만 고달프다.

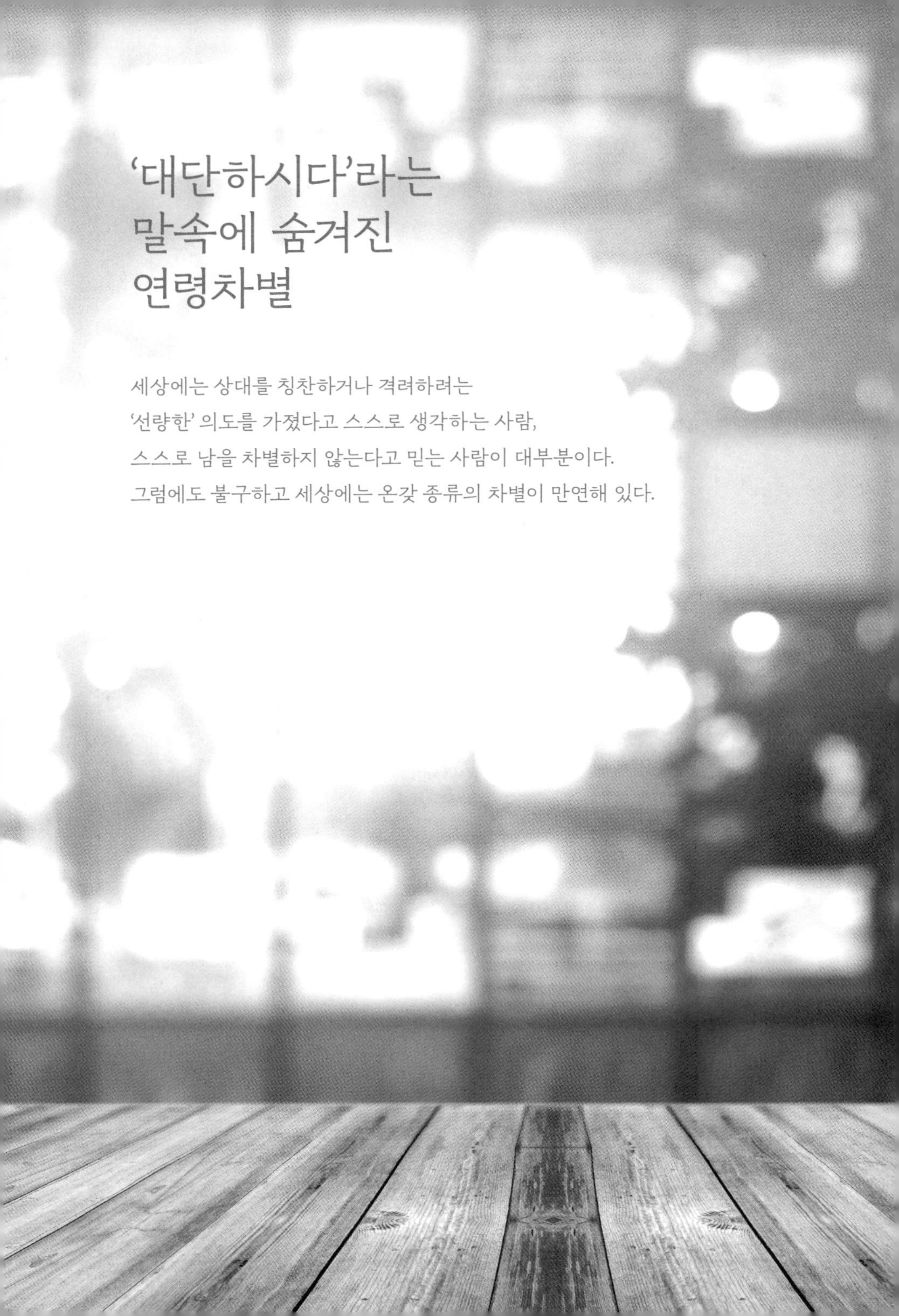

'대단하시다'라는 말속에 숨겨진 연령차별

세상에는 상대를 칭찬하거나 격려하려는
'선량한' 의도를 가졌다고 스스로 생각하는 사람,
스스로 남을 차별하지 않는다고 믿는 사람이 대부분이다.
그럼에도 불구하고 세상에는 온갖 종류의 차별이 만연해 있다.

똑똑하지만 얄미운 후배들 때문에 속상할 때가 있다. 아니 그런 경우가 점점 많아진다. 처음에는 그들이 호들갑을 떨며 “와, 대단하세요. 그런 것도 다 아시고”라며 감탄사를 연발했을 때 진심어린 칭찬인 줄 알았다. 그래서 혼자 속으로 중얼거리기까지 했다.

‘그래, 내가 좀 트렌디한 건 사실이지, 너도 뭘 좀 아나보네.’

그러나 다음 순간 이어지는 말.

“정말 대단하시다. 그 연세에…….”

아, 어찌나 실망스럽던지. 결국은 연세 이야기란 말인가? 내 연세가 어때서? 이 연세에는 그런 것을 알면 안 된다는 법이라도 있니?

물론 나한테도 문제는 있다. 그들이 얄밉게 말할 때마다 ‘너야말로 대단하시다. 그런 것도 모르시고’라고 쏘아붙였어야 하는데, 마음뿐. 현실의 나는 뭔 말인지 모르겠다는 애매한 표정을 짓고 우아한 얼굴로(이래서 자꾸 우아해지는 모양!) 적당히 넘어간다. 그러고는 뒤늦게 혼자 씩씩거린다.

내가 일일이 말을 안 해서 그럴 뿐 말끝마다 '연세'를 들먹거리는 것은 엄연한 '연령차별'이다. 그들이 내 나이에 대한 고정관념을 갖고 나를 대하니까 그런 반응이 나오는 것이다. 그들이 "어머, 대단하세요"라면서 생략한 괄호 속의 말은 이런 것들이리라.

'어라? 신기하기도 하지. 저렇게 나이가 많은데도 우리처럼 생각하다니?'

'저렇게 나이 많은 사람이 우리가 알고 있는 걸 알고 있다니?'

'저렇게 나이도 많으면서 하고 싶은 것도 많고 갖고 싶은 것도 많고…… 우리와 똑같은 욕망을 갖고 있다니…….'

최근에 인권 전문가 김지혜의 『선량한 차별주의자』라는 책을 읽고 많이 공감했다. 세상에는 상대를 칭찬하거나 격려하려는 '선량한' 의도를 가졌다고 스스로 생각하는 사람, 스스로 남을 차별하지 않는다고 믿는 사람이 대부분이다. 그럼에도 불구하고 세상에는 온갖 종류의 차별이 만연해 있다. 자신이 행하는 차별을 자기 자신은 잘 볼 수 없기 때문이다. 말하자면 대부분의 사람들은 '선량한 차별주의자'인 셈이다.

저자는 이주민에게 "한국인 다 되었네요"라고 말하거나 장애인에게 "희망을 가지세요"라고 말하는 것도 의도와는 상관없이 당사자들에게는 모욕감을 줄 수 있다고 주장한다. '한국인 다 되었다'는 말은 아무리 한국에 오래 살아도 우리는 당신을 온전히 한국인으로 생각하지 않는다는 전제가 깔려 있기 때문이고, 장애인에게 '희망을 가지라'는 말 역시 장애인의 삶에는 당연히 희망이 없을 것이라는 전제가 깔려 있는 표현이라는 것이다. 나쁜 의도는 전혀 없었던 무심한 말 한마디가 이주민이나 장애인에게 모욕을 줄 수 있는 것이다. 저자는 이 문제를 해결하기 위해서는 근본적으로 자신의 기준으로 타인의 삶에 가치를 매기지 말아야 한다고 주장한다.

연령차별도 비슷하다. 나한테 "대단하시다. 그 연세에……"라고 말한 후배 또한 '선의'로 그런 말을 했을 것이다. 아마도 나를 칭찬하거나 격려하고 싶었을 것이다. 적어도 그 후배가 나를 비웃고 엿 먹이려고 그런 말을 했다고는 절대 생각하지 않는다. 그런데도 나는 돌아서자마자 기분이 나빠지고 뭔가 억울한 기분이 들었다.

생각이 여기까지 미치자 뭔가 찔리는 것이 있었다. 아차, 나도 그러지 않았나? 나도 선배들에게 그런 식의 말을 참 많이 하지 않았나? 지난번에 선배들에 대해 쓴 글에서도 '대단하다, 신기하다'는 표현을 많이 사용했다. 선배들 면전에서도 "참 대단하세요"라는 식의 말을 습관처럼 자주 했다. 물론 얄밉고 솔직한 그 후배처럼 '그 연세에'라는 말은 덧붙이지 않았지만 말이다. 절대 입발림 소리가 아니고 내 딴에는 진심으로 존경하는 선배들에게만 그런 말을 했지만 지금 생각해보니 그것도 일종의 연령차별이다.

아, 그러고 보니 '대단하시다'라고 말하거나 그런 표시를 할 때 선배들의 표정이 밝지만은 않았던 것도 기억난다. 선배들이 이런 말을 했

던 것도 생각난다.

"대단하다는 칭찬을 들으면 '내가 이 나이에도 잘하고 있나보다'라는 생각이 들어서 기분이 좋지만, 어떤 때는 '당신은 이제 그 나이의 그저 그런 사람일 뿐이니 이제는 너무 나대지 말고 입도 다물고 젊은 우리가 어떻게 하나 구경만 하세요'라는 말처럼 느껴지고 자존심 상할 때가 있지."

"이건 뭐 투명인간처럼 살라는 건가 싶기도 하고……."

"나 자신은 뭐 그렇게 대단한 노인으로 늙어가고 싶은 것도 아닌데, 주변에서 자꾸 그런 눈으로 보는 것도 부담스러워서 내가 욕심을 줄여야 하나 생각할 때도 많아요."

"그러나저러나 요즘 너무 오래 살아서 걱정이라는 뉴스를 접할 때마다 마치 내가 잘못한 것처럼 미안하기도 하고 섬뜩한 느낌도 들어."

아, 그러고 보니 나야말로 '연령차별'을 일삼는, '그리 선량하지도 못한 차별주의자'였고 얄미운 후배였다.

엊그제 후배 S와 이런저런 이야기를 나누면서 "앞으로는 선배들 만날 때 '대단하시다'라는 식의 표현을 자제해야겠다"라며 결의를 다지는데, S가 불쑥 한마디 했다.

"그런데요, 선배. 저도 피해자예요. 수영장 갈 때마다 연령차별 받는다니까요."

"수영장에서 연령차별을?"

"의사가 수영을 권해서 집 근처 구립 수영장에 다녔거든요. 그런데

6, 70대 여성 어르신들이 거의 모든 레인을 차지하고 젊은 사람들이나 남자들은 들어오지도 못하게 해요. 모른 척하고 그쪽으로 가면 아주 노골적으로 여기는 우리 구역이니까 다른 데 가서 하라고 한다니까요."

"어머나, 정말 너무하시네."

"그렇죠. 이건 명백한 연령차별, 성차별이죠. 하루 이틀도 아니고, 그렇다고 그 어르신들과 일일이 싸울 수도 없고, 말도 통하지 않을 것 같고, 기분만 나빠져서 그만 수영을 포기하고 말았다니까요."

아이고, 점점 머리가 복잡해진다. 차별하는 사람도, 차별받는 사람도 왜 이리 많은가? 내 주변에도 온갖 종류의 차별이 만연해 있음을 실감했다. 은퇴 후에는 아무와도 싸우지 않고 평화롭게 살려고 했는데, 싸워야 할 차별이 이리도 많으니 이 노릇을 어찌할까?

결국 차별이 없어지려면 기본적으로 상대에 대한 예의와 함께 공존하려는 마음가짐을 가져야 한다. 더 바란다면 다른 연령, 다른 성性, 뭔가 다른 사람(사실 우리는 모두 뭔가 다른 사람이다!)에 대한 예민한 감수성과 그런 감수성을 가질 수 있는 마음의 여유를 가져야 한다는 점이다.

내 나이가
내일모레면……

미리 앞날을 살 필요는 없다.
미리 앞날을 걱정할 필요도 없다.
그보다는 지금의 내 욕망을 돌보며
현재의 하루하루를 사는 것이 더 중요하다.

얼마 전에 40대 초반의 지인 A가 한참 하소연을 하고 갔다. 엄청 활달하고 명랑해서 내가 부러워하는 성격인데, 가끔 나를 '왕언니'로 모시는 척하면서 은근히 늙은이 취급하고 모임에서도 자기 또래하고만 어울리며 나를 소외하는 등 조금 얄미운 데가 있는 타입이었다.

그런데 A가 갑자기 찾아와서는 땅이 꺼지게 한숨부터 쉬었다.

"선배님, 내가 생각했던 40대가 아니에요. 나도 내가 생각했던 내가 아니고, 아무튼 사는 게 내가 생각했던 것과는 너무 달라요."

처음에는 요즘 시국이 시국인지라 우울한 모양이라고 생각했다. 누군들 안 그렇겠는가. 나도 이렇게 힘든데 40대 현역들은 얼마나 더할까, 얼마나 혼란스럽고 복잡할까 하고 측은한 생각이 들었다.

"갑자기 왜 그래? 요즘 다 힘들지 뭐……."

그런데 A는 눈물까지 글썽였다.

"글쎄, 제 나이가 마흔하나도 아니고, 마흔둘도 아니고, 마흔넷이에요! 곧 오십이라고요!"

와, 이럴 때는 뭐라고 해야 하나? "야, 지금 내 앞에서 농담하냐?"라고 소리라도 지르려는 찰나 눈물까지 글썽이며 심각한 표정을 짓는 그의 얼굴을 보니 이거야 원 웃을 수도 없다.

자세히 이야기를 들어보니 A가 나이 타령을 하는 것도 이해가 갔다. 최근 들어 그 밑에서 일하는 젊은 남자 직원들이 그를 자기 엄마랑 비교하는 듯한 표현을 자주 했던 것이다. A는 나이에 비해서도 빨리 성공한, 실력도 있고 씩씩한 '알파걸'이지만 속으로는 여리고 외로움도 많이 타는 '골드 미스'다. 그런데 바빠서 남자 만나기도 힘든 그가 그들을 '연애 가능한 연하남'으로 보고 있는 줄도 모르고 남자 직원들이 이런 식으로 말했던 것이다.

"어라, 팀장님 꼭 우리 엄마처럼 말씀하시네?"

"팀장님 보면 우리 엄마같이 푸근해요. 밥도 잘 사주시고."

그들의 말에 충격을 받은 A는 자기가 나이들었다는 것은 알고 있었지만 '엄마'라는 단어 때문에 너무 충격을 받았다고 했다. 그가 말했다.

"사실 따져보니까 내 나이가 그들의 엄마 나이랑 별로 차이도 나지 않더라고요. 흑흑. 너무 슬퍼요."

마흔넷의 나이에 너무 늙은 것 같다고 눈물까지 흘리는 A를 보고 있자니 '묘한' 느낌이 들었다. 겉으로야 물론 "어머 정말 속상했겠다. 쯧쯧, 참 안타깝네"라며 위로의 말을 해주었지만 마음 한편으로는 이상하게 마음이 놓였다. 엄청난 위로를 받았고 안심도 되었다. 위로? 안심? 이상한 이야기지만 솔직한 심정이 그랬다.

'거봐, 40대 초반인데도 저렇게 늙었다고 속상해하잖아. 그러니 내가 힘든 건 당연한 거야. 그래, 요즘 내가 힘든 게 나이 때문만은 아니라고.'

그런데 한 가지 이상한 것이 있다. 사람들은 나이드는 것을 그렇게 싫어하면서도 꼭 나이를 올려서 말한다.

"내 나이가 낼모레면……."

50이 넘으면 60으로, 60이 넘으면 70으로, 반올림을 해도 과하게 잘도 한다.

노인복지관 같은 데서 만난 어르신들도 그랬다. "연세가 어떻게 되세요?"라고 여쭈어보면 나이를 올려 말하는 경우가 허다했다. 실제 나이는 일흔다섯인데도 "내 나이? 내일모레면 팔십이지"라고 말한다. 그런 말을 들을 때마다 헷갈렸다. 70대지만 마음은 80대라는 뜻인가? 나이 많은 것이 뭐 좋다고 저렇게 올려 말하는 것일까? 알쏭달쏭했다.

문제는 '내 나이가 낼모레면'이라는 말 뒤에 뭔가 긍정적인 단어가 따라오는 경우가 많지 않다는 점이다.

"내 나이가 낼모레면 80인데, 피아노를 배우고 싶지 뭐예요. 그래서 요즘 동네 피아노 학원에서 피아노를 배우기 시작했답니다."

이렇게 귀엽게 말하는 70대를 만날 가능성은 많지 않다.

그보다는 부정적인 뜻이 숨어 있는 경우가 많다. 뭔가를 시작하고 싶지만, 아니면 이제라도 조금 다르게 살고 싶지만 너무 늦었다고 핑계를 댈 때 이렇게 말하는 것이다.

"에이, 내 나이가 낼모레면 60인데, 무슨 일을 할 수 있겠어요."

"내 나이가 낼모레면 70인데, 이제 피아노를 처음 배운다고 하면 모두 비웃겠죠?"

이제 겨우 서른다섯밖에 안 된 제자가 걱정스러운 얼굴로 이렇게 묻기도 한다.

"제 나이가 낼모레면 마흔인데, 이제 공부를 시작해도 될까요? 자격증을 딸 수 있을까요?"

친구들 중에도 이런 사람이 꼭 한 명씩 있다. 유행에 민감하고 옷차림도 젊어서 겉으로는 50대처럼 보이는데, 누군가 모처럼 뭘 좀 같이 해보자고 생산적인 아이디어를 내기만 하면 이렇게 말해서 산통을 깨는 친구 말이다.

"아이고, 낼모레면 70인데, 무슨 책을 읽어? 눈도 안 보이는데. 에이, 그렇게 골치 아픈 거 하지 말고 그냥 영화나 보고 맛있는 거나 먹으러 다니자. 응?"

나이들어서 좋은 점 하나는 지나온 나이의 의미를 분명히 깨달을 수 있다는 것이다. 나는 스물, 서른, 마흔이라는 나이가 어땠는지 정확히 기억한다. 쉰과 쉰다섯의 미묘한 차이도 말할 수 있다. 더 나이들면 60대와 70대가 어떻게 다른지에 대해서도 잘 설명할 수 있을 것이다.

이렇게 지나온 나이는 아직도 내 안에 남아 있다. 내 안에 '고여 있다'고 표현하는 것이 더 정확할까? 가끔은 그 나이의 마음으로 돌아가 그 나이를 즐겨보기도 한다. 10대들이 가득한 문방구에서 그 시절에는 돈이 없어 사지 못했던 문구류를 마음껏 사보기도 하고, 스무 살쯤에 입고 싶었던 옷을 만져보면서 '젊었을 때'를 떠올려보기도 한다(다행히 사지는 않는다!). 뒤늦게 시작한 공부에 한창 빠져 있던 서른 무렵의 열정을 되새겨볼 때도 있다.

하지만 젊은 시절이 항상 좋았던 것은 아니다. 오히려 그 반대라고 할 수 있다. 돌이켜보면 그 나이가 지나서 얼마나 다행인가 싶은 마음이 더 크니 말이다. 모든 것이 불안하기만 했던 20대, 전보다 훨씬 안정되고 행복해졌다고 착각했으나 시행착오가 많았던 30대, 지옥과 천국을 오갔던 40대, 바쁘게 일했던 그만큼 내리막길이 고통스러웠던 50대의 기억이 그렇다. 물론 항상 고통스럽고 불행했다는 말은 아니다. 잘나가던 때도 있었고 행복했던(행복하다고 믿었던) 적도 꽤 있었다. 하지만 지금 생각해보면 잘나가던 때, 그때 나는 너무나 뭘 몰랐고, 뭘 모른 채 기고만장했다. 인생에서 잘나가던 때가 가장 위험한 때이기도 했다는 것을 나중에야 알았다.

20대 후반이나 30대 초반에 찍은 사진 속의 내가 잘 웃고 제일 행복해 보인다는 것은 인생의 역설이다. 요즘에는 행복할 때도 얼굴은 불행해 보여서 속상한데, 그때는 마음은 불행한데도 얼굴은 밝게 빛이 났다. 그래서 얼마 전에 「내가 가장 예뻤을 때」라는 이바라기 노리

코의 시 구절을 보고 깜짝 놀랐다. 내 이야기 같아서.

내가 가장 예뻤을 때
나는 너무나 불행했고
나는 너무나 안절부절
나는 더없이 외로웠다

_이바라기 노리코, 윤수현 옮김, 『내가 가장 예뻤을 때』, 스타북스, 2017.

얼마 전 서랍 속 깊숙이 들어 있던 마흔 무렵에 썼던 일기장과 모닝 페이지를 정리하면서 느낀 것인데, 왜 그렇게 힘든 이야기가 많고, 노상 어떤 고비 앞에 서 있었는지, 걱정은 왜 그리 많이 했는지 신기할 지경이었다. 돈이나 인간관계에 관한 고민 외에도 맡은 일의 마감을 지킬 수 있을까에 대한 불안과 염려 등 온갖 걱정을 쏟아놓으며 하느님께 기도하고 간청했다. 하느님도 참 피곤하셨을 것이다.

하여 혹시 산신령 같은 분이 나타나 나에게 젊은 나이로 돌아가고 싶으냐고 묻는다면 나는 우선 공손히 여쭈어볼 것이다. 혹시 지금 알고 있는 것을 모두 아는 상태에서 젊은 나이로 돌아갈 수 있는지? 만일 그것이 가능하다면 한번 진지하게 생각해보겠다. 그러나 그럴 수 없다면 이렇게 대답하겠다.

"뭘 모르던 그 시절로 돌아가서 또 똑같은 실수를 저지르고 싶지는 않네요. 그냥 지금의 제 나이에서 최선을 다하려고요."

어쨌거나 지금은 그때의 나를 토닥토닥 안아주고 싶다.

"아, 그거? 지금은 괜찮아. 모든 게 많이 나아졌어."

무엇보다 신기한 것은 그 모든 마감일을 하나도 빠짐없이 다 지켰다는 사실이다. 그때 그렇게 속 썩였던 사람들도 이제는 모두 떠났다. 한 시대를 그런대로 잘 지나왔다. 다시는 돌아가고 싶지 않다.

다만 한 가지 아쉬운 점은 자신이 나이들었다고 눈물까지 글썽이는 마흔넷의 후배처럼 나도 40대 초반부터 '아, 이렇게 속절없이 늙어가는구나. 여기저기 아프고 쑤시고……'라며 의기소침했는데(하하, 가소로웠다), 나이들어가면서 잃는 것도 많다는 사실이다. 그것만은 어쩔 수가 없구나. 그건 내 소관이 아니구나 싶다.

그러므로 어느 나이든 '내 나이가 낼모레면'이라고 나이를 올리면서까지 한숨을 쉴 필요는 없다. 마흔넷은 마흔넷일 뿐, 쉰도 아니고 예순은 더더욱 아니다. 미리 앞날을 살 필요는 없다. 미리 앞날을 걱정할 필요도 없다. 그보다는 지금의 내 욕망을 돌보며 현재의 하루하루를 사는 것이 더 중요하다.

그날 나는 A에게 이렇게 말해주었다.

"그런데 말이야. 지금 생각해보니까 마흔넷은 반짝이는 나이야."

내 말에 A는 눈을 초롱초롱하게 떴다.

"정말요?"

나는 거짓말은 하지 않는다. 가끔(때로는 심하게) 흔들려서 그렇지 반짝이는 나이인 것은 사실이니까.

매력 있는
선배들 덕분에

한 가지 확실한 것은 그 어떤 것도
아직 포기해서는 안 된다는 점이다.
포기하기에는 너무 이르다는 사실이다.

나는 어렸을 때부터 선배들을 많이 따라다녔다. 맏이라서 언니 오빠도 없었던데다 호기심도 많아서 선배들을 만나고 따라하는 것을 좋아했다. 선배들이 지닌 장점을 선망하고 흉내도 많이 냈다. 말투부터 옷 입는 것까지. 어쩌면 살아오면서 만난 좋은 선배들 덕에 오늘의 내가 있는지도 모른다.

하지만 어느 단계를 지나면서부터 아, 이제는 선배 따라하기를 그만두어야겠다라는 생각이 들었다. 어느 수준까지 흉내내고 따라하다 보면 왠지 나답지 않게 느껴질 때가 오기 때문이다. 선배처럼 사는 것도 좋지만 선배와는 다르게 살아야 하는 것이 내 운명이라고 생각하면서 선배와는 다른 길을 가기 위해 만나야 할 많은 장애물을 기꺼이 넘어야겠다고 결심이 서는 그런 순간이 왔다.

그때 나는 용기를 내서 선배 앞으로 갔다.

"선배님, 그동안 감사했습니다만 이젠 저도 제 길을 가야 할 것 같아요."

선배는 고개를 끄덕였다.

"알았다. 그럼 이제 하산하거라. 펑!"

이런 과정을 수없이 겪으며 나 자신의 길을 찾아 다시 출발했다. 그런데 선배 복을 타고났는지 요즘에도 내 앞에는 매력과 실력을 갖춘 선배가 끊이지 않고 나타나고 있으니 행복하고 감사한 일이다.

2019년 4월부터는 내가 진행하고 있는 '자기 역사 쓰기' 프로그램을 통해 대학 선배들과 한 달에 한 번 정기적으로 만나고 있는데, 나는 이 선배들을 통해 그들이 살아온 삶의 역사, 구불거리는 삶의 이야기를 듣는 것이 너무 좋다. 신기한 것은 그 선배들의 나이가 여든 살 안팎인데도 그들의 이야기가 남 이야기 같지 않고 그들의 고민이 나의 고민처럼 느껴진다는 점이다.

그래서 그분들을 볼 때마다 나도 모르게 혼잣말이 나온다.

"도대체 여든 살이라는 나이는 어떤 나이일까?"

선배들은 한마디로 설명하기 힘든 어떤 에너지를 뿜어내고 있다. 그것은 단순히 젊어 보인다는 차원을 넘어서는 그 무엇이었다. H 선배는 수필가이기도 해서 꾸준히 글을 쓰고 있는데, 글이 정말 좋고 마음에 든다. K 선배는 일흔다섯 살에 일문학 박사학위를 받고 지금도 전공 관련한 논문을 발표하고 연구와 번역을 계속하며 활발히 활동하고 있다. 은퇴를 맞이하여 상당한 양의 전공 서적과 논문, 보고서를 기다렸다는 듯이 단숨에, 단칼에, 미련 없이 정리해버린 나로서는 상상조차 하기 힘든 일이다.

이들은 도대체 어떤 사람인가? 도대체 어디서 그런 에너지와 열정이 나오는 것인가? '도대체'를 연발하며 궁금해하던 차였는데, 마침 좋은 기회가 왔다. 서초동의 모 교회에서 K 선배가 주선한 기타 연주회가 있으니 '한일합작 기타'도 구경할 겸 오라는 초대를 받았다.

가서 보니 '한일합작 기타'를 만든 사람은 H 선배의 남편인 최동수 장인이었다. 건축가로서 수십여 년 동안 건설회사를 다니며 집 짓는 일을 했던 분인데, 돈 버는 일이나 출세에는 큰 흥미를 느끼지 못했다. 그보다는 고등학생 때부터 꿈이었던 기타 만들기에 더 큰 열정을 갖고 있었고 오래도록 그 꿈을 놓지 않고 기회가 닿는 대로 기타 재료와 공구를 사 모았다.

결국 쉰다섯에 건설회사 이사직을 자발적으로 그만둔 후에 직접 기타를 만들기 시작했다. 기타를 설계하고 대패질하고 튜닝하는 일까지 모든 제반과정을 손수 작업했다. 그의 나이 올해 여든한 살. 1년에 딱 두 대씩만 만들 수 있는 기타를 지금까지 54대나 만들었다.

그날 본 '한일합작 기타'는 최동수 장인이 2015년에 광복 70주년을 기념하여 제작한 기타였다. H 선배의 설명에 의하면 이 기타가 한일합작품이 된 배경은 이러했다. 최동수 장인과 오사카 출신의 클래식 기타 제작가인 마사노부 마쓰무라씨는 30여 년간 한국과 일본을 오가며 가까이 지내던 사이였다. 마쓰무라씨는 프랑스 기타 제작가 로베르 부셰의 제자가 되기 위해 매일 공방을 찾아가 불러들일 때까지

문 앞에서 기다리는 지극한 태도를 보였다고 한다.

마쓰무라씨는 2008년 이래 한국에서 개최하는 '국제기타페스티벌'에 해마다 기타를 출품했고 2013년에는 드디어 '스페인장인심의회'에서 받은 명장Meister 증서를 기타 옆에 놓았다. 마쓰무라씨와 최동수 장인은 만나면 밤을 지새우며 더 아름다운 소리를 빚어내기 위한 열망을 쏟아냈던 예술적 동지였으며 꼬이고 맺힌 한일관계를 기타 선율로 풀어놓을 날을 기대하며 돈독한 인연을 이어온 사이였다.

그러나 마쓰무라씨는 애석하게도 2014년에 식도암으로 사망했다. 장례식이 끝난 어느 날 마쓰무라씨 부인으로부터 엄청난 양의 택배가 도착했다. 고인이 드리는 선물이라며 고이 소장해온 기타 재료 전판 일습을 최동수 장인에게 보내온 것이다. 이에 최동수 장인은 마쓰무라씨가 생전에 아끼고 아꼈던 독일 가문비나무 재료를 전판에 사용하고 측판과 후판은 '월인천강지곡'이 복사된 한지를 사용하여 특별한 악기를 완성했다.

기타에 관한 한 일자무식인 내 눈에도 그 기타는 대단해 보였다. 일본의 기타 명장이 남기고 간 소중한 재료와 한국 명장의 열정이 만났다고나 할까. 나무와 종이의 조화도 돋보였다. 그날 황민웅 기타리스트가 연주한 기타 소리는 청아하고도 감미로웠다. 모든 것이 신기했다. 생전 처음 본 한일합작 기타도 신기했고 그 기타가 만들어지기까지의 이야기도 신기했다.

하지만 몇 배나 더 신기했던 것은 나를 초대해준 선배들의 평균 나이가 여든 살이라는 점이었다. 이 연주회를 주선하고 해설을 맡은 K 선배는 여든 살, 최동수 장인은 여든한 살, 그의 아내인 H 선배는 일흔아홉 살로 평균 나이 딱 여든 살이었다.

요즘 여든이라는 나이가 예전과 다르다는 것쯤은 나도 잘 알고 있다. '한창때'라고 말하는 사람도 점점 늘고 있다. 실제로 내 주변에서도 80대, 아니 90대에도 향수냄새 풍기며 이마에 주름도 보이지 않는 멋쟁이 노인을 심심치 않게 만날 수 있다. 늙기를 거부하는 듯한 사람들도 꽤 많은 것 같다.

그뿐인가. 7, 80대에도 3, 40대의 욕망을 갖고 사는 사람들도 가끔 본다. 그런 사람을 만날 때마다 겉으로는 "참, 대단하세요"라고 감탄사를 연발하면서도 글쎄, 존경스럽다고 하기에는 조금 뭔가 복잡한 심정이다. 인생이 만만치 않다는 것은 진작 알았지만 그 만만치 않음이 8, 90대까지 이어진다고 생각하니 피곤하고 징글징글하게 느껴졌기 때문이다. 와, 지금까지도 고단한 인생이었는데, 이제 지친 몸을 이끌고 산등성이를 내려가려고 했는데, 또다시 저 먼 길을 떠나야 한다고? 상상만 해도 어휴! 한숨이 나왔다.

그래서 나는 어느 나이, 80쯤 되면 욕망이나 욕심을 내려놓고 조금 편히 살아야 한다고 생각했다. 능력 밖의 일은 하지 말고 그저 할 수 있는 일이나 살살 하면서 편안하게 게으름 피우며 느릿느릿 살아야겠다. 한마디로 '나이를 받아들여야겠다'고 생각했다.

그런데 그날 여든 살 전후의 '신기한' 선배들을 만나고 장인이 만든

'한일합작 기타'를 보고 나서부터는 여든이라는 나이에 대해 또다른 혼란이 찾아왔다.

'어라, 이건 뭐지? 저 나이가 저렇게 멋진 나이였어?'

무엇보다도 '나이를 받아들인다'고 할 때 그 나이가 '어느 나이'를 말하는 것이고, 또 그 나이를 '어떻게' 받아들여야 하는 것인지 점점 더 미궁에 빠지는 느낌이다.

한 가지 확실한 것은 그 어떤 것도 아직 포기해서는 안 된다는 점이다. 포기하기에는 너무 이르다는 사실이다.

지금이 바로 파티타임!

내가 좋아하는 것들을 지금 실행하자.
내가 정말 하고 싶은 일을 포기하거나 훗날로 미루지 말자.
그동안 가족을 위해, 사회를 위해 열심히 살아왔으니
이제는 나 자신에게 집중하고 내 감정에도 솔직해지자.

사회복지기관에 취업한 졸업생 P가 찾아왔다. 이런저런 이야기 끝에 P는 한 달에 150만 원씩 저축하고 있다고 자랑했다. 놀라운 일이다. 사회복지사 월급이 결코 많지 않은데다 P는 이제 겨우 스물여섯 살이었다. 묻지 않을 수 없었다.

"아니, 월급이 얼마인데?"

"200만 원이 조금 안돼요."

"그런데 어떻게 150만 원씩 저축을 해? 숨만 쉬고 사는 거야?"

P가 대답했다.

"교수님이 노인복지 수업시간에 말씀하셨잖아요. 우리 세대는 대부분 100세까지 살 거라고. 전 너무 걱정돼요. 노후를 준비해야 하잖아요. 전 결혼도 하지 않을 생각이에요. 월급도 적은데 어떻게 결혼을 해요. 연애도 못 할 것 같아요. 돈을 모아야죠."

P가 불안감에 잔뜩 전 얼굴로 또 물었다.

"교수님, 제가 예순 살에 은퇴한다고 치고, 그 다음엔 뭘 하면서 사는 게 좋을까요?"

스물여섯 살짜리가 벌써 은퇴 후를 걱정하다니 이게 무슨 일이람.

어쨌든 나는 열심히 설명했다. 100세 시대를 행복하게 살려면 돈만 모아서는 안 된다. 무조건 열심히만 사는 것도 답이 아니다. 그것은 평균 수명이 60년 정도였던 너의 할아버지 세대에서나 통했던 방식이다. 100세 시대에는 '뭣이 중헌지'에 대한 질문과 성찰이 필요하다(구구절절).

P의 얼굴 표정이 '아이고 교수님, 지루한 것은 예나 지금이나 여전하시군요'라고 말하는 것 같았다.

"그럼 제 나이에는 어떻게 해야 한다는 건가요?"

"그 나이답게 사는 게 가장 좋은 노후 준비야. 20대라면 20대답게 살아야지."

"네? 그럼 교수님은 돈은 모으지 말고 친구들 만나고 여행이나 하면서 살아야 한다는 건가요? '욜로' 같은 걸 말하는 건가요? 근데 그러려면 돈이 있어야 하잖아요? 역시 돈이 중요해요."

그동안 은퇴자 연구를 해오면서 은퇴를 앞두거나 막 은퇴한 사람들이 가진 불안감에는 꽤 익숙해진 편이다. 하지만 이제 막 대학을 졸업하고 취업한 20대 청년의 불안감, 그것도 노후에 대한 불안감에 부딪치다니. 무력한 느낌마저 들었다. 물론 요즘 세상 돌아가는 것을 보고 있노라면 집값도 그렇고 미래에 대해 불안감을 갖지 않는 것이 이상

할 정도다. 세상 돌아가는 것에 민감한 사람일수록 걱정이 더 많으리라는 것도 이해가 간다. 하지만 불안감 때문에 젊음, 아니 인생의 좋은 순간을 다 낭비해버린다고 생각하니 너무 안타까웠다.

주변을 둘러보면 열심히 사는 사람일수록 당장 해야 하는 일에 매몰되어 욕구를 억누르는 경향이 심하다. 자신이 정말 좋아하는 것이 무엇인지, 뭘 원하는지 알지 못한 채 오랜 세월 동안 돈 버는 일과 성공에만 몰두하는 것이다. 그러다가 나이들면 이번에는 또 마음이 허전해진다.

지난달에 만난 이제 겨우 40대 중반인 '빛나는 나이'의 L도 요즘 들어 부쩍 마음이 허하다고 하소연이 대단했다. 몇 달 전에 자신이 원하던 좋은 직장으로 자리를 옮긴 직후만 해도 행복하고 성취감을 느낀다고 자랑했는데, 불과 몇 달이 지났을 뿐인데도 '찐한' 행복감 뒤에 이런 쓸쓸함과 허망함이 자리잡고 있을 줄 몰랐다며 울먹였다. 이제 겨우 40 중반인 L이 '어느새 나이만 먹었다'며 눈물을 글썽이는 모습을 보고 있으려니 인간은 참 묘한 존재라는 생각이 들었다. 성공을 못 해도 문제지만 성공을 해도 마음이 허해지는 것은 마찬가지다.

이기호의 짧은 소설을 모은 책 『웬만해선 아무렇지 않다』에도 비슷한 이야기가 등장한다. 고향에 계신 아버지가 배추 농사, 무 농사가 얼추 마무리되는 즈음마다 오토바이 사고를 내는데, 아버지는 어떤 해에는 읍내 다방 미스 심의 커피 배달을 돕겠다며 오토바이 뒤에 태우고 달리다가 논두렁에 추락하여 골절상을 입는가 하면(미스 심은 코뼈가 나가는 사고를 당했다), 또 어떤 해에는 읍내 단란주점에서 맥주를 마시고 밤중에 선글라스를 쓴 채 오토바이를 몰다가 전봇대에 부딪치기도 한다.

병원에 입원한 후에 "커피를 한 잔 마셔야 하는데, 스타일이 안 살아서……"라고 투덜대는 아버지를 위해 아들은 병원 로비에 있는 프랜차이즈 커피전문점으로 모시고 가서 '다방커피'에 익숙한 아버지를 배려하여 바닐라라테를 주문한다. 아들이 주문을 마치고 나자 아버지는 카운터의 아르바이트생에게 기어이 한마디를 덧붙인다.

"아가씨도 한 잔 마셔."

매사에 이런 식이니 가족, 특히 어머니의 난감함은 길게 설명하지 않아도 알 수 있으리라. 그런데 이 소설의 화자인 아들은 돌아가시기 얼마 전 그를 붙들고 했던 할머니의 말씀을 기억해낸다.

"네 아버지한테 너무 뭐라 하지 마라. 젊을 땐 얼마나 착실한 사람이었는데…… 그게 다 나이 먹는 게 허해서…… 그래서 그런 게 아니겠니."

사실 나를 포함하여 우리 세대 은퇴자들도 소설 속 아버지와 크게 다르지 않다. 시대 탓도 있다. 경쟁을 부추기는 교육제도와 사회 분위기 속에서 뒤처지지 않고 살아남기 위해 전전긍긍했으며, 연금 등 노후소득보장제도의 역사도 짧아 미래에 대해 불안해하고 걱정하는 걸 당연하게 여기는 삶을 살아왔으니까.

돈과 밥벌이를 걱정하느라 '어떤 인생을 살 것인가?' '정말 좋아하

는 일이 무엇인가?'라는 질문도 하지 못했다. 자신이 지금 어디에 있는지, 어디로 가고 있는지 점검하기 위해 멈추는 일 없이 앞으로 달리기만 했다. 어떻게 하면 인생을 자유롭고 즐겁게 살 수 있을까, 어떻게 하면 나의 욕망을 돌보며 살 수 있을까에 대한 생각보다는 경쟁이나 등수에 더 관심이 많았다.

내가 만났던 베이비붐 세대 은퇴자들이 너무 오랜 시간 험한 길을 오르는 데 에너지를 쓰느라 '하고 싶은 일'이 무엇이었는지, '재미있게' 사는 것이 어떤 것인지 잊어버렸다고 말하는 것도 무리가 아니다.

한마디로 우리는 자신의 '욕망'을 돌보며 살지 못했다. 남들이 원하고 부러워하는 삶을 살려는 노력은 했을지언정 정작 자신의 욕망은 돌보지 못했던 것이다. 공부 잘하고 일 열심히 한 사람 중에 이런 사람이 더 많은 것 같다. 주어진 규범에 따라 살며 욕망은 감추고 억눌러야 하는 그 무엇으로 여길 뿐 저 깊은 곳에서 울리는 내면의 소리에는 귀를 기울이지 못했다. '욕망'이라는 단어만 들어도 '성적 일탈'을 떠올리며 고개부터 젓는 사람도 부지기수다.

젊었을 때 실컷 놀아서 후회 없다고 아무렇지 않게 말하는 유럽 사람들과는 딴판인 것이다. 『코펜하겐에서 일주일을』의 저자 유승호 교수는 덴마크 사람들은 청소년기부터 친구들과 같이 살아보기, 여행하기, 이성 친구 사귀기 등 해보고 싶은 것을 원 없이 해보고 놀아볼 것 다 놀아보아서 인생에 후회가 없다고 말한다. 나이들어서도 아프면서까지 오래 사는 것이 중요하지 않다고 생각하기 때문에 연명 치

료에도 그다지 집착하지 않는다.

그렇다면 어쩐담. 이제 와서 젊은 날을 돌이킬 수도 없는 일. 그냥 이대로 살아야 할까?

문제는 수명이 길어지고 있다는 점이다. 욕망을 억누르고 살기에는 내 남은 인생은 아직도 수십 년이다. '돈 때문에' '자식 때문에' '미래에 대한 불안과 걱정 때문에'라는 말로 나의 행복을 희생한다면 내 인생이 너무 불쌍할 것 같다.

그래서 결심했다. 내가 좋아하는 것들을 지금 실행하자. 내가 정말 하고 싶은 일을 포기하거나 훗날로 미루지 말자. 그동안 가족을 위해, 사회를 위해 열심히 살아왔으니 이제는 나 자신에게 집중하고 내 감정에도 솔직해지자. 남의 욕망에도 관대해지자. 유명 인사들의 사생활과 일탈에 대해 '너, 그럴 줄 알았다'며 지나친 관심과 비난을 퍼붓는 대중심리에도 너무 휩쓸리지 말자.

아, 그러고 보니 재미있는 글을 읽은 기억이 난다. 독일의 노인문화센터에서 매달 한 번씩 열리는 나이트클럽 파티는 젊은 층의 파티와 사뭇 다르다는 내용이다. 노인들은 젊은이들과는 달리 나이트클럽에 입장하자마자 곧바로 춤추기 시작한다. 왜냐고? 나이가 많을수록 괜히 서성거리느라고 시간을 허비하지 않기 때문이다.

허비할 시간이 어디 있는가. 지금이 바로 '파티타임'인데.

6부

이토록
젊은 마음을
어디에
쓸까?

나의 역사를
쓴다는 것

『데미안』이라는 소설에 나오는
주인공 데미안과 에밀 싱클레어의 자아 찾기 여정처럼
알을 깨고 나오는 듯한 고통 끝에
자기를 찾았다고나 할까.

최근 들어 나에게 진심으로 고마워하는 사람이 몇몇 생겼다. 내가 진행한 '나의 역사 쓰기 프로그램'에서 '자기 역사'를 쓴 사람들이었다. 엊그제 받은 카톡에도 "선생님과의 만남이 우연이 아니라는 생각이 들 정도예요"라는 내용이 들어 있었다.

이런 식의 감사인사를 받을 때마다 너무 쑥스럽고 너무 낯설다. 이런 인사를 받을 자격이 있나? 난 그렇게 착한 사람이 아닌데. 그동안 나는 개인주의와 이기주의 사이를 오락가락하며 살아온 사람이기 때문이다. 뒤늦게 전공을 사회복지로 바꾸었지만 사회복지 현장에서 직접적인 서비스를 담당해본 적도 없어서 현장에서 힘들게 일하는 사회복지사들에게는 항상 미안함과 존경심이 뒤섞인 감정을 갖고 있다.

이런 내게 감사라니! 무엇보다 그렇게 과분한 감사를 받을 만큼 대단한 역할을 한 것도 아니다. 나의 역사 쓰기 교실을 열어서 각자 자기 역사를 쓰도록 돕는 역할을 했을 뿐이다.

2019년 여름 후배 S로부터 다치바나 다카시가 쓴 『자기 역사를 쓴다는 것』이라는 책을 받았다. 릿쿄대에서 2008년부터 운영하고 있는 '릿쿄 세컨드 스테이지 대학(50세 이상을 위한 1년제 대학과정)'에서 개설한 '현대사 속의 자기 역사'라는 강좌 내용과 운영과정, 수강생들이 직접 쓴 '자기 역사'의 실제 사례를 흥미진진하게 엮은 책이다.

읽어보니 의미도 있고 좋은 책 같았다. 그런데 왜 갑자기 이 책을 보냈을까 하고 생각하고 있는데, S가 말했다.

"저도 이 책에 나오는 것처럼 나의 역사를 써보고 싶어요. 제 글쓰기도 손봐줄 겸 이참에 선배도 같이 쓰시죠."

갑작스러운 제안에 어리둥절해하는 나에게 S가 말했다.

"급작스럽게 일을 그만두고 나서 처음엔 아무 일 안 하는 게 너무 좋고 이런저런 취미생활을 하는 것도 재미있었어요. 그런데 1년쯤 지나니까 자꾸 공허해지고 뭔가 빠진 것 같고, 앞으로 남은 세월을 이렇게 산다고 생각하면 무섭고, 그 긴 세월을 어떻게 살아야 하지 하는 생각이 자꾸 들어서요."

그래서 평소에 친하다고 생각한 주변 사람 몇몇에게 책을 보내면서 이 책에 나오는 것처럼 자기 역사를 써보자고 권유했지만 "글쓰는 게 부담스럽다" "내 과거를 왜 남겨야 하느냐?"는 등의 이유를 대며 모두 거절했다는 것이다. 주변에 사람은 많지만 관심과 흥미를 공유할 수 있는 '동지'가 없다는 생각에 아쉽고 슬프다는 말도 덧붙였다.

그의 이야기를 들으니 나라도 '동지'가 되어주어야 할 것 같았다. 아니 그보다도 이 일이 S에게는 엄청 중요한 일이라는 직감을 느꼈다. 그래서 "그럼 우리 둘이 시작하지 뭐. 둘이면 어때? 당장 시작하자"라고 말해버렸다.

이렇게 자기 역사 쓰기가 시작되었다. S는 매주 만날 때마다 엄청난 양의 이야기를 거침없이 쏟아냈다. 쓰고 싶은 이야기가 목 끝까지 차 있었던 모양이다. 쓰기 전에는 '얼마나 솔직하게 써야 하느냐'의 문제로 고민하는 듯하더니 스스로 장벽을 뛰어넘어 최대한 솔직하게 자기 이야기를 털어놓았다.

반면에 나는 슬슬 후배 눈치를 보면서 꾀를 부렸다. S의 글쓰기를 응원하는 역할만 해도 되지 않을까? 나는 그동안 앞만 보고 바쁘게 달려온 사람이다. '모닝 페이지'나 이런저런 원고를 쓰면서 내 마음을 들여다보는 일에는 익숙했지만 어린 시절 이야기 같은 과거 이야기를 쓰려니 뭔가 어색해서 잘 써지지 않았다.

하지만 얼마 안 가 S의 거친 항의를 받았다.

"선배, 왜 내 이야기만 까발려야 해요? 같이 쓰자는 게 처음의 취지 아니었나요?"

딱히 할말이 없어서 내가 왜 나의 역사 쓰기를 미루고 있나 생각해 보았다. 약간의 두려움이 있는 것도 사실이었다. 특히 어린 시절의 나에 대해 생전 처음 보는 '낯설고 이상한 아이'가 툭 튀어나와 힘겹게 얻은 지금의 평화를 깨뜨리면 어떻게 하지? 이 나이에?라는 막연한 두려움이 있었다. 최근의 이야기를 쓰는 것도 내키지 않았다. 다 아는

FAVORIT

뻔한 이야기가 아닌가. 게다가 이제 와서 바꿀 수도 없는 지나간 이야기를 써보았자 무슨 '소용'이 있을까? '쓸모' 위주의 생각과 계산이 나를 가로막았다.

하지만 나이들수록 후배가 더 무서운 법이다. 쓰지 않고 버티다가는 S한테 두고두고 비난을 받을 것 같았다. 그래서 결심했다. 이참에 나에 대해서도 좀더 자세히 알아보기로. 이 나이에도 내가 어떤 사람인지 이해하기 힘들 때가 많지 않았나, 언젠가는 직면해야 할 과거이자 역사가 아닌가, 더 늦기 전에 정리해야지, 과거에 얽힌 부정적인 감정에 대해서도 다시 꺼내보고 뭔가 다른 '해석'을 내릴 수 있을지 생각해보아야지 하고 마음먹었다. 코앞에 닥친 은퇴 후의 삶을 어떻게 꾸려가야 할 것인가라는 문제에 대해서도 생각하고 싶었다.

결과는 기대 이상이었다. 불과 두 달 만에 엄청난 양의 글을 써낸 후배는 만약에 이런 작업을 더 빨리 했었다면 훨씬 좋았겠다고 말했다. 실제로 그는 아픈 이야기를 용기 있게 털어놓은 후에 훨씬 자유로워 보였다. 『데미안』이라는 소설에 나오는 주인공 데미안과 에밀 싱클레어의 자아 찾기 여정처럼 알을 깨고 나오는 듯한 고통 끝에 자기를 찾았다고나 할까. 자기 자신에 대한 불안감이 없어지고 혼자 있는 시간을 소중히 여기게 되었다는 말도 했다.

내 경우에도 마찬가지. 앞으로 어디서 무엇을 하며 어떻게 지낼지에 관해 기대 이상의 통찰력을 얻을 수 있었다. 나의 '역사 연표'를 만들어보는 과정에서 갑자기 이런 생각이 떠올랐던 것이다. '아, 난 쓰는 일에 몰두해야겠다. 은퇴한 후에도 여기저기 돌아다니지 말고 계속 글을 써야겠다. 평온할 때도 또는 마음을 다치거나 고통스러운 시간이 올 때도.' 언제나 '글 쓰는 사람'으로서의 정체성을 갖고 살아야겠다고 마음먹었다.

왜 그런 생각을 했는지 설명하기는 어렵다. '더 나아가라'는 일종의 '진격 명령' 같은 것을 들은 듯하기도 하고 여전히 쓸 것이 많다는 생각도 들었다. 어쨌든 그때 그런 생각을 한 덕분에 지금 이런 글도 쓰고 있다.

이 과정을 통해 '자기 역사 쓰기'의 힘을 발견한 나는 네다섯 명으로 구성된 팀을 만들어서 자기 역사 쓰기 프로그램을 열었다. 다시 한번 강조하지만 내가 하는 역할은 크지 않다. 처음에만 몇 가지 기술적인 방법을 설명하고 자기 인생의 변곡점을 중심으로 목차를 구성하도록 도와주고 원고를 발표할 때 잘 듣고 약간의 질문을 하는 정도다. 글쓰기가 두렵다는 사람도 있지만 나는 글을 잘 써야 한다고 강조하지 않는다. 이 작업의 목적은 멋진 글을 쓰는 것이 아니기 때문이다. 글을 수정하고 다듬는 일은 나중에라도 얼마든지 할 수 있다. 더 중요한 것은 스스로가 자기 역사를 얼마나 깊고 솔직하게 들여다보고 표현하는가 하는 점이다.

신기한 것은 내가 별로 해준 것이 없는데도 자기 역사를 쓰는 사람 자신이 치유되고 변화되고 건강해지고 행복해한다는 점이다. 그 자체가 큰 감동이었다. 어떤 사람에 대해 알고 이해한다는 것이 무엇인지, 누군가와 진심을 나누려면 어떻게 해야 하는지에 대해서도 다시 생각해보는 계기가 되었다. 자본주의적이고 피상적인 만남, '좋아요'와 온갖 이모티콘이 판을 치지만 정작 상대방의 마음에는 귀를 기울이지 않는, 건성의 대화가 판을 치는 요즘 세상에 누군가의 과거를 온전히 공유하고 같이 울고 웃을 수 있다는 것이 얼마나 소중한 일인지!

정현종의 시 「방문객」 중 "사람이 온다는 건 / 실은 어마어마한 일이다"라는 구절이 떠오를 때가 많다. 시인의 표현대로 누군가의 과거와 현재와 미래, 한 사람의 일생이 온다는 것을 실감하기 때문이다.

내가 할 수 있는 일, 좋아하는 일을 하면서 누군가에게 도움을 줄 수 있는 이 일이 정말 소중하게 느껴진다. 큰 선물을 받은 기분이다!

가슴이 뛰는 곳에서 살고 싶다

여행, 유학, 취업, 이민 등으로 다양한 장소를 경험해본
우리 세대의 '어디서 살까?'라는 고민 속에는
다양한 선택지가 들어 있고,
그래서 더 생각이 많다.

작년 1월 친하게 지내던 전 직장 동료들과 오랜만에 만나 전남 신안군 증도로 놀러 가는 길이었다. 무안군 현경면을 지날 때 2년 전에 직장에서 조기 은퇴한 L씨가 현경면 바닷가에 땅을 사서 농막까지 지었다는 소식을 우연히 듣게 되었다. 반가운 마음에 전화해보니 겨울비가 가늘게 내리는 날씨인데도 마침 부부가 '커피 마시러' 농막에 나와 있던 차여서 뜻밖의 만남이 이루어졌다.

현경면의 나지막한 언덕이야 원래 내가 좋아하던 곳이었지만 그림 같은 2층 조립식 건물의 하얗고 작은 농막과 농막 옆에 펼쳐진 바닷가 풍경은 정말 기가 막혔다. 동행했던 사람들 모두 "와, 우리나라에 이런 데가 있었나요?" 하며 탄성을 지를 정도였다. 평소 현경면의 봄 풍경을 진짜 좋아했는데, 그날처럼 겨울비가 가늘게 내리는 날의 경치도 장관이었다.

하지만 경치보다 더 인상적인 것은 몇 년 만에 만난 L씨의 얼굴이었다. 학교에서 보직을 맡았을 때와는 완전 다른 얼굴이었다. 날카롭고 피곤해 보이던 표정은 온데간데없고 건강하고 활기찬 모습으로 변해 있었다. 이야기를 들어보니 예상보다 일찍 직장을 그만둔 후에 제주에서 '한 달 살기'도 해보면서 '앞으로 어떻게 살까?'에 대해 고민에 고민을 거듭했다고 한다. 그러고 나서 현경면에 땅을 샀고 앙증맞은 2층짜리 농막도 손수 조립했다고 한다. 3300제곱미터가 넘는 농지에 뭘 심을까 고민한 끝에 고구마만 심기로 결정했다고 한다.

그는 자기가 산 땅이 경치는 기막히게 좋지만 개발이 엄격히 제한된 곳이어서 투자 가치는 거의 없는 곳이라고 설명하면서 이렇게 말했다.

"땅값 좀 오르지 않으면 어떻습니까? 앞으로 20년간 여기서 재미있게 놀면 그걸로 충분하죠."

그 땅에서 20년간 재미있게 놀겠다는 마음가짐도 신선했지만 그 말을 할 때의 L씨 표정이 더 인상적이었다. 농사지으며 놀 생각에 가슴이 설레는 것 같기도 했고 재미있게 놀 생각에 가슴 부푼 개구쟁이 같기도 했다. 요즘 수도권에서 만난 은퇴자들한테서는 좀처럼 보기 힘든 표정과 분위기였다.

문득 L씨의 아내도 같은 생각일지 궁금했다. 서울을 떠나 자연과 벗하며 살고 싶다, 시골에서 농사지으며 살고 싶다고 말하는 은퇴자들(대부분 남자다)의 최대 고민이 아내의 반대임을 잘 알고 있었기 때문이다. 그에게 물었다.

"사모님도 같이 농사지으실 건가요?"

그는 눈을 동그랗게 뜨고 고개까지 가로저으며 대답했다.

"아아뇨, 난 커피만 마시러 올 거예요. 일할 때는 절대로 오지 않으려고요."

'절대로'라는 단어에 유난히 힘을 주며 말하는 그의 시원시원한 대답에 우리 일행은 웃음을 터뜨렸다.

기대 수명이 길어져서 그런가, 코로나19 때문인가. 요즘 부쩍 지인들로부터 '어디서 살까?'에 관한 고민을 자주 듣게 된다. 우리보다 조금 앞선 세대만 해도 "이 나이에 뭘 그런 고민을? 그냥 살던 데서 사는 거지"라면서 '가진 돈에 맞추어' 적당한 아파트나 주택을 선택하는 식으로 단순했던 것 같은데, 요즘 은퇴자들은 고민도 다양하다.

지난주에 만난 지인은 새로 태어난 손녀도 봐줄 겸 10년쯤 미국에서 살아볼까 고민중이라고 했고, 그와 반대로 30여 년의 이민생활 끝에 역이민을 결정한 친구도 있었다. 친한 사람들끼리 제주도에 열 채의 집을 짓고 어울려 산다는 지인도 있었다. 여행, 유학, 취업, 이민 등으로 다양한 장소를 경험해본 우리 세대의 '어디서 살까?'라는 고민 속에는 다양한 선택지가 들어 있고, 그래서 더 생각이 많다.

나도 전에는 은퇴 후에 주거지를 옮기는 것보다 그동안 살던 지역에서 그냥 사는 것이 좋다고 생각했다. 살던 동네에서 오래 사귄 친구를 만나고 매일 다니던 공원으로 산책하러 나가고, 단골 식당이나 가게, 카페에 다니는 등 '생활의 연속성'이 중요하다고 주장하기도 했다.

그래서 미국 같은 나라의 은퇴자들이 은퇴 후에 적극적으로 주거지를 옮기는 것을 볼 때마다 참 유난스럽다고 생각했다. 그들 특유의 도전정신이나 개척정신은 이해하지만 은퇴 후에 그 큰 나라의 북쪽에서 남쪽으로, 또는 동쪽에서 서쪽으로 생활 터전을 확 바꾼다는 것이 어디 쉬운 일인가.

실제로 어느 해 여름 미국의 동북부에 있는 메인주에서 만났던 은퇴자가 여름에는 시원한 메인에서 지내고 겨울이면 따뜻한 플로리다에서 사는 식으로 1년에 한 번씩 거주지를 옮기며 살고 있다고 설명하는데, 그 말을 들으면서도 부럽기는커녕 참 피곤하게 사는구나 싶었다.

그런데 요즘에는 생각이 달라졌다. 내가 은퇴자가 되고 보니, 그리고 은퇴 직후에 이사까지 하고 보니 은퇴 후에 주거지를 옮기고 낯선 지역에서 살아보는 것도 장점이 많은 것 같았다. 그래서 건강하고 체력 있고 경제적 여건이 되는 미국 은퇴자들이 주거지를 옮겨다니는구나 이해도 된다.

먼저 지역마다 다른 장점이 있는데, 그것을 최대한 누려보는 것도 좋은 방법이다. 나도 줄곧 서울에서만 살다가 40대 중반에 일 때문에 지방에서 살게 되었을 때 처음에는 너무 낯설어서 적응되지 않았다. 그런데 살아보니 장점도 많았다. 5분만 차를 타고 나가도 때 묻지 않은 자연이 펼쳐지는 풍경이 신기하기도 했지만 생활의 속도가 느려지면서 여유가 생겼다. 무엇보다 소중했던 것은 아는 사람 하나 없던 지

은퇴해보니 '어디서 살까?'의 문제는
돈과 부동산 시장의 논리만으로 결정할 사안이 아니었다.
'무엇을 하며 어떻게 살까?'의 문제와
깊이 연결되어 있기 때문이다.

방에서 혼자 고독한 시간을 가져보았다는 점이다. 그런 시간이 있었기에 오늘의 내가 있다고 확신한다.

하지만 은퇴 후에는 무조건 전 직장 주변을 떠나고 싶었다. 예전의 일터와는 물리적 거리를 두고 싶었다. 가까이 살면서 옛 직장 주변을 맴돌며 명예도 별로 없는 명예교수를 하거나 "선배님 놀러 오세요. 점심이나 같이 하시죠?"라는 후배들의 인사말을 진심으로 알아듣는 그런 선배가 되고 싶지 않았다.

그래서 직장 근처에 있던 아파트가 팔리자마자 서울의 강남지역 접근이 쉬운 동네를 탐색했고 수도권의 역세권 아파트로 이사했다.

이사하느라 힘들었겠다고 걱정해주는 지인들이 있었는데, 힘들지 않았다. 오히려 '아직, 살아 있네!'라는 느낌이 들었다. 잡동사니를 많이 정리해서 그런지, 새로운 곳으로 간다는 생각 때문인지는 정확히 모르겠지만 그동안 살았던 아파트가 팔린 그 순간부터 가슴이 뛰기 시작하더니 이사하는 모든 과정이 여행처럼 즐겁고 마음이 설렜다.

무엇보다 좋았던 것은 영화 〈기생충〉에 나오는 부잣집 지하실 안의 어둡고 무서운 풍경을 보는 것 같았던 집안 내 잡동사니를 파격적으로 정리했다는 점이다. 추억이 서린 물건과도 이별했다. 내 추억이 서린 물건을 내가 내 손으로 정리하지 않으면 누가 할까? 사진이든 가구든 이별을 고해야겠다고 결심했다. 슬프지만 어쩔 수 없는 삶의 과정이었다.

사실 그동안 『인생이 빛나는 정리의 마법』의 저자 곤도 마리에가

했던 "설레지 않으면 버려라"라는 유명한 말을 떠올릴 때마다 마음이 영 불편했다. '거, 말 참 쉽게 하네. 주변을 돌아보면 설레지 않는 옷과 물건, 관계투성이인데, 다 버리라고? 그럼 남편부터 버려야 하나?' 그런데 이번에 잡동사니를 정리하는 과정에서 정말 가슴이 조금 뛰었다. 신기하게도.

문제는 새로 이사한 집이 역세권의 새 아파트인데다 근처에 대규모 쇼핑몰도 있어 여러모로 편리하고 능률적이고 잘 정돈되어 있었지만 별 감흥이 느껴지지 않는다는 점이었다. 동네도 그렇다. 도시 자체가 거대한 회사 같고 무엇보다 일주일에 두세 번 외출하는데, 꼭 역세권이어야 할까? 역세권은 매일 출근하는 젊은 사람들에게 양보하고 나 같은 사람은 교통이 조금 불편하더라도 걸을 데 많고 자연친화적인 동네에서 사는 편이 더 좋지 않을까? 하는 의문이 떠나지 않았다.

이상했다. 그동안 나는 도시적인 분위기를 좋아하고 해외여행도 유명한 대도시 중심으로 다니는 그런 타입의 사람인데, 막상 거대한 회사 같은 도시의 역세권에서 살아보니 재미가 없었다. 가슴이 답답할 때도 있었다. 내가 이렇게 자연을 좋아하는 사람이었나 하고 스스로 의문이 들 정도였다. L씨처럼 자연 한복판에서 바다를 보며 농사를 지으면서 날것의 자연을 누리며 사는 일은 꿈도 꾸지 못하지만 적어도 공원 안에 있는 숲이나 호수를 보며 매일 걸을 정도는 되어야 하지 않나 싶었다.

어쩌면 여기 살면 저기가 좋은 것 같고 저기 살면 여기가 좋은 것 같은 '딜레마'에 빠졌는지도 모른다. 이제야 이해가 된다. 북쪽에서 남쪽으로, 동쪽에서 서쪽으로, 서울과 제주도로 거주지를 옮겨가며 사는 사람들의 마음이. 그들의 체력과 에너지, 경제력도 부럽게 느껴진다.

'어디서 살까?'에 대한 그동안의 내 생각과 선택이 너무 피상적이었는지도 모른다. 은퇴해보니 '어디서 살까?'의 문제는 돈과 부동산 시장의 논리만으로 결정할 사안이 아니었다. '무엇을 하며 어떻게 살까?'의 문제와 깊이 연결되어 있기 때문이다. 은퇴자에게 집은 일과 놀이의 중심 공간이다. 집안과 집 근처에서 보내는 시간이 길어지다보니 집과 주거 환경은 삶의 질에도 큰 영향을 미친다. 하여 어디서, 어떤 환경에서 사는가에 따라 무슨 일을 할까, 뭘 하며 놀까, 누구와 놀까, 어떻게 시간을 보낼까가 정해지는 것이다. 코로나19 때문에 외출하거나 사람을 만나는 일이 줄어들다보니 더욱더 그런 것 같다.

아무튼 코로나19 이후에 집에 대한 생각이 더 많아졌다. 좀더 심각하게 생각해야겠다. 어디서 살까? L씨의 표현대로 앞으로 20년쯤 아직 힘 있고 거동이 자유로울 때 재미있게 놀고 즐길 만한 그런 곳이 과연 어디인가?

첫번째 조건은 걷고 싶은 길이 바로 연결되는 곳이어야 한다는 것이다. 전에도 걷는 것을 좋아했지만 코로나19 이후에는 하루도 거르지 않고 매일 걸었다. 그러면서 엄청난 위안을 받았고 무력감과 우울감도 견뎌낼 수 있었다. 기왕이면 도서관이 가까운 동네, 나지막한 집과 건물이 있는 다정한 환경에서 살고 싶다. 이웃과 어울려 지낼 수 있는 환경도 중요하다. 마음 맞는 사람들과 공간을 나눌 수 있다면 더욱 좋겠다. 그래야 웃을 일이 많고 행복할 수 있을 것 같다. 인생이 조금 복잡해지더라도 상호 교류, 소통, 나눔이 이루어지는 환경, 누구라도 아프면 죽을 끓여서 가져다주는 그런 동네에서 살고 싶다. 도대체 그곳이 어디인가?

이런저런 생각을 하다보니 내가 원하는 그런 집에서 살려면 앞으로도 몇 번은 더 이사해야 할 것 같은 예감이 든다. 글쎄, 그때마다 가슴이 뛸지는 의문이다. 체력과 에너지가 충분할지, 경제력이 받쳐줄지도 미지수다. 요동치는 부동산시장을 생각하면 내가 너무 비현실적인가, 아니 초현실적인가 걱정도 된다. 이래저래 고민이 많다. '어디서 살 것인가'의 문제가 이렇게 중요한지 전에는 미처 몰랐다.

행복한 나라에 가봤습니다

여행을 떠났던 그즈음
나는 은퇴를 앞두고 '행복'에 대해 관심이 많았다.
나를 포함하여 주변 동료들이나 후배들이
너무 행복을 모르거나 잊고 사는 것 같아서 안타까웠고
어떻게 하면 행복해질 수 있을까에 대해 많이 고민했다.

현역 때는 3, 4월쯤에 여행을 다니는 사람이 제일 부러웠다. 날씨도 좋고 물가도 싸고 비행기표도 쉽게 구할 수 있고. 그래서 이번에는 반드시 봄에 '긴 여행'을 떠나리라 생각하고 있었는데, 코로나19 때문에 모든 계획이 틀어지고 말았다. 이럴 줄 알았으면 "은퇴여행, 바로 떠나야 하나?"(1장 참조)라는 글까지 써가며 잘난 척하지 말았어야 했는데 후회된다.

그래도 결혼이나 해외 취업, 이민 같은 일생의 중요한 일을 하려던 찰나 '그때 하필 코로나19가……'라는 드라마틱한 상황이 아닌 것만으로도 다행이라 위로하고 있다.

그래서 3년 전 여름 덴마크 코펜하겐으로 갔던 여행의 추억이라도 곱씹어보면서 마음을 달래보기로 했다.

그 여름에 하필이면 덴마크 코펜하겐으로 여행을 떠난 이유는 세계에서 가장 행복한 나라로 꼽히는 덴마크에 대한 호기심 때문이었다. 유엔 행복지수 조사에서 1위를 차지한 나라, 갤럽이나 EU의 행복도 조사, 삶의 만족도 조사에서도 1위를 차지한 나라, 세계에서 가장 행복한 나라로 꼽히는 덴마크에 가서 그들의 행복감을 직접 확인하고 맛보고 싶었다. 할 수만 있다면 그들이 어떻게 그리 행복할 수 있는지에 관한 비결을 배우고 싶었다. 여행을 떠나기 전에 책이나 자료를 많이 읽었는데, 그럴수록 행복한 나라의 행복한 기운을 내 눈으로 직접 확인해보고 싶었다.

'휘게'도 궁금했다. '휘게 라이프'를 소개하는 서적이 각국에서 출간되었고, 인스타그램에는 휘게 해시태그(#) 사진이 넘쳐났으며, 우리나라에서도 휘게를 앞세우는 카페나 공간을 만날 수 있고, 심지어 대학에서도 휘게 과목이나 프로그램을 개설하여 학생들에게 딱딱한 공부보다는 뭔가 행복한 프로그램을 제공하려고 노력하고 있다. 도대체 휘게가 뭐기에?

거리의 카페에 앉아 평화롭고 느긋하게 그들의 일상을 지켜보기만 해도 행복을 온몸으로 느낄 수 있을 거야, 휘게가 뭔지 알 수 있을 거야, 그들의 얼굴과 표정만 봐도 그들이 왜 행복한지에 대한 의문을 풀 수 있을 거야 하고 순진하고도 엉뚱한 기대를 갖고 떠난 여행이었다.

하지만 기대는 산산이 부서지고 말았다. 우선 떠나기 전부터 몸살감기 기운이 있던 남편이 장시간의 비행과 선선한 날씨로 인해 기침을 심하게 해대기 시작했다. 한마디로 여행을 즐기기에는 심히 부적절한 몸 상태가 된 것이다. 설상가상으로 도착 둘째 날 오후 유명한 관광지 '니하운'을 지나가다가 현금이 든 지갑과 여권을 소매치기당하는 사고까지 겪었다.

7월인데도 날씨는 왜 그리 추운지. 춥고 배고프고 지갑도 잃어버리고. 동료들의 단톡방에 "너무 춥고 배고파서 '성냥팔이 소녀'가 된 기분"이라고 올렸더니 자세한 사정을 알지 못하는 그들은 "여긴 더워 죽겠는데, 웬 자랑?" "부러우면 지는 거라는데"라는 반응 일색이었다.

우리는 행복지수가 높은 나라 덴마크에서 가장 불행한 여행자가 되고 말았다. 이쯤 되면 여행의 질이 문제가 아니라 삶의 질 자체가 형편없이 떨어질 수밖에 없었다. 그러다보니 본의 아니게 '현지인'처럼 지낼 수밖에 없었다. 동네 근처를 한 바퀴 산책하고 동네 마켓에서 시장을 봐서 '에어비앤비'를 통해 빌린 아파트에서 뜨끈한 국물을 끓여 먹으며 시간을 보내는 식이었다.

그렇다고 아파트가 편안하고 쾌적했던 것도 아니었다. 엘리베이터 없이 꼬불꼬불한 계단으로 연결되는 5층짜리 아파트 꼭대기 층을 오르내리기도 힘들었다. 가끔 마켓에서 마실 물이나 과일 등 무거운 물건을 사오려면 그야말로 큰마음을 먹어야 했다.

아파트 내부도 그랬다. 잘산다는 나라의 아파트치고는 심하게 검소했다. 운하와 배들이 바로 보이는 전망 좋은 부엌, 빗방울 떨어지는 풍경을 만끽할 수 있도록 천장까지 이어진 창문, 방에 딸린 조그만 테라스는 꽤 괜찮았다. 특히 부엌에서 바라보이는 운하 풍경은 비현실적일 정도로 아름다웠다. 하지만 다른 것들은 지나칠 정도로 검소했는데, 어느 정도였냐 하면 세탁기도 없을 정도였다.

이해가 되지 않았다. 세계 10위 안에 드는 부자 나라, 1인당 GDP 6만 달러, 우리나라보다 소득이 세 배 많고, 세계경쟁력 순위도 최상위권. 그렇게 잘사는 나라 사람들이 이렇게 검소하게 살 수 있을까?

거리에서 만나는 사람들의 외양도 그랬다. 검은색과 흰색, 회색이 주를 이루는 한결같이 수수한 옷차림에서는 유행이라고는 찾아보기 어려웠다. 출근시간에 가장 번화한 중앙역 근처 거리를 가보아도 누가 월급을 많이 받는 사람인지, 누가 지위가 높은 사람인지 구분하기 힘들었다.

코펜하겐의 상징으로 유명한 자전거만 해도 그렇다. 책이나 자료에서 익히 본 대로 내가 머물렀던 아파트 주변을 포함하여 길 대부분이 자전거 길이었고 남녀노소 모두 자전거를 타고 다녔다. 내 눈길을 끈 것은 자전거의 모양과 색이었다. 우리 같으면, 아니 나 같으면 자전거에라도 드러내고 멋을 낼 것 같았다. 고급스러운 외양이나 기능성을 강조하든가 아니면 색깔이라도 빨간색, 분홍색 등 화려하든가. 그러나 그들의 자전거는 하나같이 검은색의 평범한 자전거였다. 나는 혼자 중얼거렸다.

"이 사람들 뭐야? 너무하잖아. 이 사람들, 멋이 뭔지 모르는 거 아니야?"

건물도 새로 지은 건물일수록 검은색 유리를 많이 사용했다. 물론 오래된 벽돌색 건물과 현대적인 검은색의 조화가 세련되지 않은 것은 아니었다. 하지만 그때 내 기분이 그래서였는지는 모르겠지만 화창한 여름 날씨였으니 망정이지 어둡고 축축한 날씨였다면 금세 우울해질 것 같은 그런 느낌이었다.

그런데 돌아오기 바로 전날 저녁에 방문했던 건축박물관에서 중요한 단어를 발견하면서 여러 가지 궁금증이 해소되었다. 최근 코펜하겐 건축의 콘셉트를 한마디로 소개하는 글이었다. '비욘드 럭셔리 Beyond Luxury.' 그 단어를 보는 순간 그동안 품었던 의문이 상당 부분 풀리는 느낌이었고 가슴마저 뭉클해졌다. 코펜하겐 주거 모형 전시회장 모니터에 나타난 '비욘드 럭셔리'의 내용을 간단히 요약하면 다음과 같다.

> 덴마크는 세계에서 10위 안에 드는 부자 나라이고, 가장 행복하며, 경제적으로 가장 평등하고, 부패가 가장 적은 나라에 속한다. 이런 덴마크를 다른 나라들도 따르려 하고 있다. 하지만 모든 나라가 덴마크를 글로벌 모델로 삼는다면 지구환경은 파괴될 것이다. 그래서 우리는 우리 시대의 열망을 부추기는 '럭셔리'의 개념을 새로 창조하고자 한다. 우리는 '비욘드 럭셔리'라는 변화 어젠다를 제안한다. 이를 통해 부와 소비, 웰빙의 관계를 새로 정립하고자 한다. 우리는 소박하고 평범한 건축을 통해 모두에게 기본적인 안락함을 제공할 수 있기를 기대한다.
>
> _보리스 브로르만 옌센과 크리스토퍼 린드하르트 바이스

한마디로 그들은 이렇게 말하는 것 같았다. '우리 충분히 럭셔리할 수 있어. 덴마크는 잘사는 나라니까. 하지만 모든 나라가 다 럭셔리해진다면 지구환경은 파괴되고 세계는 멸망할 거야. 그래서 우리는 럭셔리에 대한 열망을 접어두고 럭셔리를 뛰어넘으려고 해. 부와 소비보다는 행복과 웰빙을 추구하려고 해. 우리는 소수의 럭셔리한 건축 공간보다는 모두가 함께 누릴 수 있는 소박하고 평범한 건축 공간을 만들 생각이야.'

'휘게'도 그랬다. 도대체 휘게가 뭐기에 하며 열심히 들여다본 나는 '애개개, 겨우 이거야? 이거 뭐 장난하나?' 이런 심정이었다. 가족이나 친구 등 가까운 사람들과 함께 모여 양초를 밝힌 따뜻한 분위기에서 식사를 하거나 맥주를 마시면서 여유 있는 시간을 보내는 것이 휘게이며 휘게에 필요한 것은 양초나 약간 어두운 조명, 그리고 직접 만든 음식과 커피, 초콜릿, 케이크, 사탕 같은 달콤한 디저트뿐이란다.

큰돈 들이지 않고도 즐겁게 사는 것이 휘게이고 그것이 덴마크인의 행복을 설명하는 중요한 키워드라는 것은 잘 알겠는데, 그래도 그렇지, 뭔가 코끼리처럼 거창한 것이 나올 줄 알았는데, 조그만 산토끼가 나온 느낌이라고 할까. 마치 공부 잘하는 친구가 일부러 뭔가 숨겨놓고 정말 중요한 것은 가르쳐주지 않는 것 같은 배반감 또는 의심마저 들었다.

여행을 떠났던 그즈음 나는 은퇴를 앞두고 '행복'에 대해 관심이 많았다. 나를 포함하여 주변 동료들이나 후배들이 너무 행복을 모르거나 잊고 사는 것 같아서 안타까웠고 어떻게 하면 행복해질 수 있을까에 대해 많이 고민했다.

하지만 행복을 찾아 떠났던 그 여름의 덴마크 여행은 기대와는 달리, 참 힘들었고 고생스러웠다. 행복한 나라에 간다고 모두 행복해지는 것이 아니라는 사실도 알게 되었다. 그 나라의 모든 것이 동화처럼 행복한 것도 아니었다. 그 사람들이 어떻게 사는지 구경하고 흉내낸다고 해서 행복해지는 것도 아니었다. 연예인처럼 성형하고 흉내내서 얻을 수 있는 것은 '짝퉁 행복'이 아닌가. 행복한 나라의 겉모습만 보고 지나치게 부러워하거나 뭔가를 배우려고 할 필요는 없다고 생각했다.

그런데 은퇴해보니, 그리고 최근에 코로나19 때문에 고통을 당해보니 부쩍 이런 생각이 든다. 그렇다. 행복이란 번쩍거리게 화려한 것이 아니다. 소박한 일상, '럭셔리'를 뛰어넘는 무언가에 행복이 있다. 큰돈 들이지 않고도 즐겁게 사는 것이 중요하다. 가까운 사람들과 따뜻한 분위기에서 먹고 마시며 편안하고 여유 있는 시간을 보내는 것이 바로 행복이다.

가만, 이것은 어디서 본 것들인데? 생각해보니 코펜하겐에서 직접 보고 느낀 것들이었다. 그때 그 여행의 기억은 여전히 강렬하고 생생하게 남아 있다. 비록 기대와는 달랐지만 더 소중한 것을 얻은 셈이었다.

행복이란 번쩍거리게 화려한 것이 아니다.
소박한 일상, '럭셔리'를 뛰어넘는 무언가에 행복이 있다.
큰돈 들이지 않고도 즐겁게 사는 것이 중요하다.

난생처음
팬카페에 가입하다

누군가 요즘 사는 것이 재미없거나 지루하거나
매사에 의욕이 없다고 호소한다면
젊은 아티스트를 응원해보라고 말하고 싶다.
내 삶이 확장되는 느낌이다.

다음소프트 송길영 부사장이 말했다. 소셜 빅데이터를 분석한 결과에 따르면 요즘 6, 70대 사람들의 생각을 다음과 같이 요약할 수 있다고.

"난 안 늙었어. 친구들만 늙었지."

맞는 말이다. 언젠가부터 친구들이 늙어가는 것이 눈에 보이고 마음이 짠해지고 안타깝게 느껴지기 시작했다. 내가 늙은 것은 보지 못하고 늙어가는 친구들을 걱정하는 것이 웃기기는 하지만 말이다.

2019년 연말 한 모임에 갔을 때 화음까지 넣으면서 하는 남자들의 건배사가 꽤 인상적이었다.

"우리의 젊음을 위하여~ 잔을 들어라~"

얼굴은 전혀 젊지 않았지만 그래도 건배사치고는 꽤 근사했다. 그래서 나도 어떤 모임에서 건배사를 할 때 "우리의 젊음을 위하여!"라고 외쳤더니 반응이 좋았다. 특히 젊은 후배들이 "오오, 역시" 하며 장단을 맞추어주었다.

사실 그냥 하는 소리가 아니라 막연히 예상했던 것보다 훨씬 더 마음이 젊다. 가끔 정체성이 혼란스러울 정도다. 내가 생각하는 나는 여전히 계속 성장하고 있으며 하고 싶은 것도 많고 즐기고 싶은 것도 많으며 공감 능력도 점점 더 좋아지고 아직 꿈도 남아 있는 그런 사람인데, 겉모습은 영 다르니, 이거야 원.

주름을 펴는 성형수술을 하고 나타나서 철학자가 된 듯한 말투로 이렇게 말하던 친구의 마음도 이해된다.

"마음은 이렇게 젊은데 얼굴은 그렇지 않으니까 너무 혼란스러운 거야. 그래서 얼굴과 마음의 간극을 조금이라도 줄이고 싶어서……."

내 마음을 몰라주는 사람들도 야속하기 그지없다. 나의 젊고 여린 '감성적 나이'에는 도통 관심을 보이지 않고 오로지 '달력 나이'와 '얼굴 나이'만을 보고 '그 나이의 그저 그런 사람이겠거니' 하며 건성으로 나를 대하는 사람들 말이다. 그렇다고 물어봐주지도 않는 내 마음과 감성, 내 꿈에 대해 일일이 설명할 수도 없는 일이니 안타깝고 답답할 뿐이다.

이럴 때는 할 수 없이 내가 나를 알아주는 수밖에 없다.

'나의 젊음을 위하여!'

그런데 문제가 있다. 이 젊은 마음을 어디에 쓸 것인가 하는 점이다. 송길영 부사장의 말마따나 '사랑하고 사랑받는 욕망의 주체'로 인정받아 마땅한 나의 욕망을 어디에 어떻게 쓸 것인가?

그러고 보니 요즘 들어 드럼 같은 악기를 배우거나 성악을 배우거나 그림을 그리는 친구들이 부쩍 늘어났다. 한 친구는 보컬 레슨을 받으면서 내친김에 이탈리아어까지 배우기 시작했다. 예순 살이 되자마자 오래전부터 그리고 싶었던 그림을 그리기 시작하면서 병든 아내를 간병하고 사별하는 힘든 과정을 잘 견뎌낸 지인도 있다(그림을 가르치던 여성과 얼마 전에 결혼하면서 친구들의 열띤 축하를 받았다). 옥상에 올라 서촌의 풍광을 담아낸 펜화 작품을 그리는 대학원 후배 김미경은 얼마 전에 〈바람난 60살〉이라는 제목으로 전시회를 열었다.

그동안 돈 벌고 가족을 부양하고 집안일을 하고 자식 키우는 것을 전공으로 삼았던 친구들이나 지인들이 나 몰래 한꺼번에 '아티스트'로 변모하기로 약속이라도 했나 싶었다. 이참에 나도 속이라도 시원하게 타악기라도 배워볼까 하고 잠깐 망설였지만 그나마 주제 파악을 잘하는 것이 내 전공인지라 얼른 포기했다. 그 대신 나는 지난 5월부터 젊은 성악가의 팬카페에 가입했다. JTBC에서 방영한 〈팬텀싱어 3〉에 출연한 오페라 가수, 베이스 바리톤 길병민의 팬카페다. 친구들과 어울려 유명 가수의 공연, 특히 50대 때 한 록가수의 노래에 끌려 콘서트나 록페스티벌에도 가본 적이 있지만 누군가의 팬카페에 가입한 것은 난생처음이다. 물론 게시글을 올리거나 댓글을 다는 일은 많지 않고 주로 '눈팅'만 열심히 하는 존재감 없는 팬일 뿐이지만 어쨌든 이 나이에 팬카페까지 가입할 줄은 나도 몰랐다.

내가 누군가의 팬이 되고 보니 짜증과 우울에 시달리는 청소년들이 방탄소년단이나 아이돌 가수에게 왜 그렇게 열광하는지, 코로나

19로 우울해진 사람들이 왜 그렇게 트로트 가수들에게 푹 빠져 지내는지, 몸과 마음이 아프고 슬픈 사람들에게 음악이 주는 위로와 치유의 힘이 얼마나 대단한지 모두 이해할 수 있을 듯했다. 비록 대상은 다를지언정 누군가를 좋아하는 사람들의 마음도 알 것 같고 모종의 동료애마저 느끼는 바다.

덕분에 '코로나 블루'가 뭔지도 모르게 잊고 지냈다. 그동안 사느라 바빠서 거리를 둘 수밖에 없었던 음악에 대한 열정도 되살아났다. 마치 죽어 있던 연애 세포가 되살아난 것만큼이나 기뻤다. 역시 누군가를 좋아하는 것은 누군가를 미워하는 것보다 백배, 천배 바람직한 일이다. 살면서 20대로 돌아가고 싶은 생각은 전혀 없었는데, 요즘에는 20대가 저런 나이였나 하고 자꾸 돌아보게 된다.

난생처음 가입한 팬카페도 신기했다. 10대부터 70대까지 다양한 연령층 중에서도 적극적으로 활동하는 사람들은 주로 중년의 '워킹맘'들이었는데, 그들의 글과 활동을 보는 재미가 여간 쏠쏠한 것이 아니었다. 가끔 아슬아슬한 욕망을 내뿜다가도 선을 지키려고 노력하는 태도도 좋았고, 자신들의 아픈 이야기를 솔직하게 내비치면서 서로서로 위로하고 응원하는 모습에 울컥하여 혼자 눈물을 흘린 적도 여러 번이다. 랜선 만남에서도 오프라인 못지않은(때로는 더 진한) 진심을 나누며 위로를 받을 수 있다는 것도 처음 알았다.

누군가 요즘 사는 것이 재미없거나 지루하거나 매사에 의욕이 없다고 호소한다면 젊은 아티스트를 응원해보라고 말하고 싶다. 나도 이렇게까지 긍정적인 자극을 받을 줄은 몰랐다. 내 삶이 확장되는 느낌이다. 그의 열정과 노력하는 자세, 반듯한 됨됨이를 보면서 나도 저런 점은 배워야겠다, 나도 더 멋진 사람이 되어야겠다, 운동도 열심히 해야겠다는 의지를 불태우니까 말이다. 이건 뭐 중학생도 아니고 이 나이에 20대 젊은이에게 이렇게까지 영향을 받을 일인가 웃음이 날 지경이다.

은퇴자에게는 더 좋은 일이다. 먼저 팬이 되기에 충분한 시간과 마음의 여유가 있지 않은가. 현역 때라면 종종거리며 살기 바빠서 설령 누군가에게 관심이 있다 해도 연주나 인터뷰 동영상을 찾아보는 일은 꿈도 꾸지 못했다. 그러다보니 가끔 공연장에 간 적은 있지만 충분히 마음을 쏟으면서 즐기지 못했고 문화적으로 암흑기라고 해도 좋을 정도의 빡빡한 삶을 살았다. 사실은 암흑기라는 사실조차 의식하지 못했다. 그러나 지금은 시간이 충분하다. 뭐든 마음껏 즐길 수 있는 마음의 여유가 있다. 이제 드디어 내가 좋아하는 뭔가에 집중할 수 있는 나이가 된 것이다.

젊은 마음을 팬심으로 표현하는 것도 좋은 일이다. 위험 부담도 없고 안전하지 않은가. 전에는 나이든 사람들이 젊은 가수를 보며 '꺅' 소리를 지르거나 얼굴에 홍조 띤 모습을 보면 '주책'까지는 아니더라도 '저건 아무래도…… 뭔가 안 어울리는데?'라며 입을 삐죽이고 고개를 갸웃거렸다.

하지만 지금은 전혀 그렇게 생각하지 않는다. 생각해보라. 사람은 누군가를 좋아할 때 또는 뭔가를 좋아할 때 빛이 나는 법인데, 그 대상이 나에게 기쁨과 활기를 주면서도 복잡하게 얽힐 일 없는 사람이니 이 얼마나 안전한가. 남편이나 자식처럼 끊임없이 뭘 요구하면서 귀찮게 하지도 않고 엉뚱하게 나를 배반하지도 않으니 이보다 좋을 수는 없다.

좋아하는 대상을 지나치게 가까이 두거나 소유할 수 없다는 점도 장점 중의 장점이다. 이 나이쯤 되니 누군가를 소유하려는 것이 얼마나 고통스럽고 힘들고 결국엔 쓸쓸해지고 마는 그런 일인지 잘 안다. 적당히 거리를 두는 편이 훨씬 행복하다는 것도. 내가 좋아하면 그뿐. 그 대상에게 나를 좋아해달라고 강요하지 않아도 되는 점도 좋다.

집안 분위기도 평화로워졌다. 오랜만에 음악을 듣는 데 집중하고 팬카페에 들어가서 웃으며 시간을 보내다보니 남편과의 사이도 쪼금 나아졌다. 남편에게 신경쓸 새가 없으니 못마땅한 감정도 줄어들고 별것 아닌 일로 부딪치고 싸우는 일도 반으로 줄어들었기 때문이다.

기왕이면 앞날이 창창한 '젊은' 아티스트를 좋아하고 응원하는 편이 좋다는 생각도 든다. 음악회나 공연장을 찾아다니면서 그가 성장하는 모습도 지켜볼 수 있고 음악을 애호하는 멋진 문화인으로 늙어갈 수도 있으니 일석이조다. 게다가 사회적으로도 의미 있는 일이다. 런던에 갈 때마다 영국 시니어들의 예사롭지 않은 문화 사랑을 느끼고 부러워했던 기억이 난다. 동네 도서관에서 신문을 읽고, 서점에 가서 책을 고르며, 동네 축제에 오래된 물건을 갖고 나와 팔면서 손때

묻은 낡은 것들의 소중함을 일깨워주는 것도 좋아 보였지만 가장 인상적이었던 것은 이른바 '돈 안 되는' 문화예술의 현장을 묵묵히 지키는 시니어들의 모습이었다.

『해리 포터』 시리즈나 뮤지컬 극장처럼 '돈 되는' 문화산업의 현장에는 젊은 사람들이 넘쳐났지만 정통 클래식 음악이나 발레 공연장처럼 별로 돈이 안 되는 현장을 지키는 이는 바로 시니어들이었다. 이런 것이 바로 세계가 부러워하는 '창조적 영국'이라는 나무를 떠받치고 있는 뿌리구나를 실감했다.

요즘 우리나라에서도 '돈 있고 시간 있는' 중장년층이 트로트 공연에 열광하면서 엄청난 팬덤을 형성하기 시작했다. 상당한 액수의 수해 복구 지원 자금을 기부하는 등 선한 영향력을 행사한다는 소식도 들려온다. 바람직한 현상이라고 생각한다. 앞으로 이 거대한 팬덤층이 '돈 안 되는' 문화예술 분야에도 관심을 가져주면 정말 좋을 것 같다.

아, 그런데 이런 글을 쓰다보니 내가 너무 고상하고 우아하게 나이들까봐 은근 걱정된다. 너무 고상하게 살고 싶지는 않은데. 신나고 재미있게 살고 싶은데…….

1부 은퇴해보니

- 은퇴 전후의 돈 관리와 준비에 관한 자세한 내용은 김경록, 『벌거벗을 용기』(흐름출판, 2019) 중 3장("자산 : 마지막까지 잘 먹고 잘 사는 법"), 4장("업 : 은퇴를 만나면 은퇴를 죽인다") 참조.
- "소득이 행복에 기여하는 것은 사실이지만 일정 수준에 달하면 행복과 소득의 상관관계는 거의 없어진다"는 분석은 여러 학자가 주장했다. 그중 대표 학자는 돈과 행복의 관계가 일관되지 않고 서로 모순되는 패턴을 보인다는 '이스털린 역설Easterline Paradox'을 주장한 리처드 이스털린Richard A. Easterline과 미국인 45만 명을 대상으로 소득과 행복의 상관관계를 연구하여 소득이 늘어날수록 삶의 만족도와 행복이 상승하는 것은 사실이지만 이런 경향은 연소득 7만 5000달러까지만 유효하다고 주장한 대니얼 카너먼Daniel Kahneman이 있다.

2부 그때는 몰랐던 것들

- 고희영 글, 에바 알머슨 그림, 『엄마는 해녀입니다』, 난다, 2019.
- 하완, 『하마터면 열심히 살 뻔했다』, 웅진지식하우스, 2018.
- 시몬 드 보부아르, 『모스크바에서의 오해』, 부키, 2016. 이 책은 보부아르가 사르트르와 여러 차례 소련을 방문했던 경험을 바탕으로 한 자전적 소설이다. 원래 1968년 출간된 소설집 『위기의 여자』에 수록될 예정이었으나 이 작품을

고쳐 쓴 '분별의 나이'가 최종적으로 실리고 이 작품은 미발표작으로 남아 있다가 1992년에야 공개되었다.
- 우치다테 마키코, 『끝난 사람』, 한스미디어, 2017.
- 발테스 부부가 제시한 바 있는 'SOC전략(자신에게 맞는 일이나 활동을 '선택'하고 '최적화'하며 다양한 '보상 방법을 활용'하는 전략)'에 관한 자세한 내용은 P. B. Baltes & M. M. Baltes, *Successful Aging*, Cambridge University Press, 1990 참조.

3부 우리의 정서적 거리는 몇 미터?

- 시모주 아키코, 『가족이라는 병』, 살림, 2015. 이 책은 출간 즉시 일본 아마존, 기노쿠니야 베스트셀러 1위를 기록했으며 "가장 가깝지만 가장 이해하기 힘든, 우리 시대의 가족을 다시 생각하다"라는 부제가 달려 있다.
- 덴마크를 포함한 유럽인들의 이혼 행태에 관한 자세한 내용은 헬렌 러셀, 『세계에서 가장 행복한 덴마크 사람들: 그들과 함께 살아본 일 년』, 마로니에북스, 2016에 자세히 나와 있다. 그리고 우리나라 황혼 이혼의 위험성에 관한 조사 결과는 미래에셋투자와연금센터의 〈행복한 은퇴발전소〉 Vol. 1(2017) "한국의 60대, 5대 리스크라는 덫에 걸려 있다"에 자세히 나와 있다.
- 야마다 레이지, 『어른의 의무』, 북스톤, 2017.
- 성인 자녀가 5060세대의 노후를 위협하는 리스크 요인이라는 연구 결과는 미래에셋투자와연금센터의 〈행복한 은퇴발전소〉 Vol. 1 "한국의 60대, 5대 리스크라는 덫에 걸려 있다"에 자세히 나와 있다.

4부 누구랑 어울릴까?

- 100세 시대에는 돈보다 친구 같은 '무형자산'에 더 많이 투자해야 한다는 주장에 관한 자세한 내용은 린다 그래튼, 앤드루 스콧, 『100세 인생』, 클, 2017

참조.

- 돈의 심리적 영향에 관한 논문은 Vohs, K.D., Mead, N.L., & Goode, M.R., "The psychological consequences of money", *Science*, 314, 2006, pp. 1154-1156 참조.
- 베르나르 올리비에, 『떠나든 머물든』, 효형출판, 2009.
- 프레드릭 배크만, 『오베라는 남자』, 다산책방, 2015.

5부 내 나이를 사랑한다는 것

- 우리 사회에 만연해 있는 차별에 관한 자세한 내용은 김지혜, 『선량한 차별주의자』, 창비, 2019 참조.
- 이기호, 『웬만해선 아무렇지 않다』, 마음산책, 2016.
- 덴마크 사람들이 청소년기를 보내는 방식과 사고방식 등에 관한 자세한 내용은 유승호, 『코펜하겐에서 일주일을』, 가쎄, 2013 참조. 덴마크의 교육 철학과 교육 제도에 관한 자세한 내용은 오연호, 『우리도 행복할 수 있을까』, 오마이북, 2014 참조.

6부 이토록 젊은 마음을 어디에 쓸까?

- 다치바나 다카시, 『자기 역사를 쓴다는 것』, 바다출판사, 2018.
- 곤도 마리에, 『인생이 빛나는 정리의 마법』, 더난출판사, 2012.
- 매년 유엔에서 발표하는 『세계행복보고서』는 1인당 국내총생산, 사회적 지원, 기대 수명, 사회적 자유, 관용, 부정부패 정도의 여섯 가지 항목을 조사하여 각국 국민이 느끼는 행복지수를 수치화하여 보여주는데, 덴마크는 매년 행복지수 1위나 2위를 차지한다.
- 휘게에 관한 자세한 내용은 말레네 뤼달, 『덴마크 사람들처럼』, 마일스톤, 2015 참조. 덴마크행복연구소Happiness Research Institute 소장 마이크 비킹의

『휘게 라이프, 편안하게 함께 따뜻하게: 덴마크 행복의 원천』, 위즈덤 하우스, 2016에 자세히 소개되어 있다.

- 소셜 빅데이터를 통해 우리나라 6, 70대 사람들의 생각을 분석한 내용은 송길영, 『상상하지 말라』, 북스톤, 2019에 자세히 소개되어 있다.

은퇴의 맛

은퇴전문가 한혜경의
지지고 볶는 은퇴 이야기 28가지

1쇄 인쇄 2021년 2월 22일
1쇄 발행 2021년 3월 2일

지은이 한혜경 | 펴낸이 신정민

편집 박민영 신정민 | 디자인 이보람 | 모니터링 정소리
마케팅 정민호 김경환 | 홍보 김희숙 김상만 함유지 김현지 이소정 이미희 박지원
저작권 한문숙 김지영 이영은 | 제작 강신은 김동욱 임현식 | 제작처 영신사

펴낸곳 (주)교유당
출판등록 2019년 5월 24일 제406-2019-000052호

주소 10881 경기도 파주시 회동길 210
문의전화 031) 955-8891(마케팅) 031) 955-3583(편집)
팩스 031) 955-8855
전자우편 gyoyudang@munhak.com

ISBN 979-11-91278-21-7 13320

* 싱긋은 (주)교유당의 교양 브랜드입니다.
이 책의 판권은 지은이와 (주)교유당에 있습니다.
이 책 내용의 전부 또는 일부를 재사용하려면 반드시 양측의 서면 동의를 받아야 합니다.